Анализ делового климата в Казахстане

ОЭСР

ЛУЧШАЯ ПОЛИТИКА ДЛЯ ЛУЧШЕЙ ЖИЗНИ

При цитировании просьба ссылаться на настоящую публикацию:
OECD (2023), *Анализ делового климата в Казахстане*, OECD Publishing, Paris, https://doi.org/10.1787/ccc8cf0c-ru.

ISBN 978-92-64-60164-2 (Печатное издание)
ISBN 978-92-64-53712-5 (PDF)
ISBN 978-92-64-57290-4 (HTML)
ISBN 978-92-64-76318-0 (epub)

Первоначальное название: OECD (2023), *Insights on the Business Climate in Kazakhstan*, OECD Publishing, Paris, https://doi.org/10.1787/bd780306-en.
Перевод выполнен внешней компанией/переводчиком, не включенным в базу данных переводчиков EXD: Настоящий перевод выполнен по заказу Директорат международных отношений и сотрудничества, и его точность не может быть гарантирована ОЭСР. Единственными официальными версиями являются тексты на английском и/или французском языках.

Сведения об авторах фотографий: Обложка © Hairem/Shutterstock.com.

Исправления в публикациях ОЭСР можно найти по адресу: www.oecd.org/about/publishing/corrigenda.htm.

Предисловие

Казахстан является крупнейшей экономикой в Центральной Азии, рост которой обеспечивается в основном за счет добычи и экспорта узкого круга сырьевых товаров, которыми страна располагает в изобилии. Хотя добывающие отрасли сохранят свое значение для экономики в будущем, правительство имеет давнюю приверженность диверсификации экономики, и для достижения этой цели проводится зрелая, широкомасштабная политика. Приверженность диверсификации отражает понимание того, что рост, обусловленный добычей полезных ископаемых, создал проблемы с устойчивостью в краткосрочной перспективе из-за непосредственного воздействия кризиса внешнего спроса на внутреннее производство, и что в контексте перехода к нулевым чистым выбросам он не может обеспечить инклюзивный, устойчивый рост в долгосрочной перспективе.

Стране удалось выйти на относительно сильные позиции из кризиса COVID-19 и ситуации, связанной с войной России в Украине. В 2022 г. реальный ВВП вырос на 2,5 % по сравнению с 4,5% в предыдущем году, причем замедление темпов роста в основном объясняется временными перебоями в добыче нефти. Устойчивость экономики Казахстана перед лицом этих потрясений свидетельствует о значительных резервах и разумной экономической политике казахстанских властей. Тем не менее перспективы роста остаются неопределенными, учитывая социальные волнения в январе 2022 г., продолжение войны России в Украине и потенциальное воздействие дальнейших санкций на торговлю Казахстана, ускоряющуюся внутреннюю инфляцию и ужесточение глобальных финансовых условий – все это создает сложную ситуацию в краткосрочной и среднесрочной перспективе.

Хотя устойчивость страны к недавним потрясениям является положительным фактором, важно, чтобы лица, отвечающие за разработку политики, сохраняли приверженность проведению долгосрочных реформ для поддержки развития частного сектора и большей диверсификации. Решение проблем, которые мешают частным компаниям инвестировать, нанимать персонал, внедрять инновации и расти, будет иметь ключевое значение для повышения устойчивости Казахстана в глобальном контексте, который быстро становится более цифровым и менее углеродоемким.

На основе данных, полученных в результате опроса иностранных компаний в частном секторе Казахстана, в данном отчете рассматриваются три ключевые проблемы делового климата, которые могут препятствовать вкладу и росту частного сектора в стране. Сочетая в себе недавний и новый анализ ключевых областей политики для создания благоприятного делового климата в стране, отчет будет полезен для лиц, ответственных за разработку политики, международных партнеров по развитию и других сторон, заинтересованных в развитии диверсифицированного и устойчивого частного сектора в Казахстане.

Выражение признательности

Отчет подготовлен Отделом Евразия ОЭСР Секретариата международных связей и сотрудничества ОЭСР под руководством г-на Уильяма Томпсона, руководителя Отдела Евразия ОЭСР, а также г-на Грегори Леконта, руководителя подразделения Центральная Азия. Подготовка отчета осуществлена в рамках Программы ОЭСР по повышению конкурентоспособности стран Евразии, которая является компонентом Инициативы ОЭСР по странам Центральной Азии. Работа над отчетом финансировалась Европейским союзом (ЕС).

Отчет был подготовлен г-ном Люком Маклом, аналитиком по вопросам экономической политики, Отдел Евразия ОЭСР. Значительную помощь при составлении статистических данных и редактировании отчета оказал г-н Хьюго Бризбард, младший аналитик по вопросам экономической политики, Отдел Евразия ОЭСР. Содержательные комментарии к отчету были представлены г-жой Пелин Атамер, руководителем программы, г-жой Амели Шурич-Рей и г-жой Селест Лапорт, аналитиками по вопросам экономической политики, Отдел Евразия ОЭСР. Ценную поддержку при редактировании и публикации отчета также оказала г-жа Элиза Ларракоэчеа, а эффективное администрирование проекта обеспечила г-жа Анна Чахтахтински, обе из Отдела Евразия ОЭСР.

Отчет основан на опросе частных предприятий и организаций частного сектора Казахстана, и ОЭСР выражает благодарность каждому предприятию и организации за их участие. ОЭСР также благодарна ряду партнеров по развитию, которые поделились своими комментариями и мнениями по поводу опроса и его результатов.

ОЭСР хотела бы поблагодарить коллег из Представительства Европейского союза в Казахстане за их поддержку в подготовке отчета. В частности, ОЭСР выражает благодарность г-ну Кестутису Янкаускасу, послу ЕС в Республике Казахстан, г-ну Йоханнесу Бауру, руководителю отдела сотрудничества, и г-ну Юрию Скаскевичу, атташе и сотруднику по программам, оба из Представительства ЕС в Республике Казахстан. ОЭСР также хотела бы поблагодарить г-жу Сару Ринальди, руководителя отдела Генерального директората по международным партнерствам Европейской комиссии, за оказанную поддержку.

Содержание

Рисунки

Таблицы

Анализ делового климата в Казахстане

Ключ к экономическому развитию и устойчивости Казахстана лежит в развитии сильного и диверсифицированного частного сектора

Казахстан является крупнейшей экономикой в Центральной Азии и ключевым центром региональной торговли и инвестиций. С момента выхода из рецессии переходного периода в 1996 году в Казахстане наблюдался рост реального ВВП на уровне 5 % в год, в то время как производительность труда и объем инвестиций также существенно увеличились, особенно в первое десятилетие XXI века. Основной движущей силой высоких экономических показателей страны была и остается добыча и экспорт обширных запасов природных ресурсов. Экономика Казахстана также сильно интернационализирована, и именно открытость страны для иностранных инвестиций и технологий, а также ее участие в международной торговой архитектуре через такие институты, как Всемирная торговая организация (ВТО), позволила ей стремительно развивать высокотехнологичные отрасли промышленности в этих секторах.

Тем не менее, социально-экономической устойчивости Казахстана угрожает ограниченное развитие частного сектора. Развитие за счет добывающих отраслей привело к концентрации экономики, ее неинклюзивности и уязвимости для внешних потрясений. Рост, обусловленный добывающей промышленностью, не смог стимулировать развитие частного динамичного несырьевого торгуемого сектора и, возможно, в некоторых отношениях даже препятствовал ему. Инвестиции и наиболее производительные рабочие места сосредоточены в нескольких секторах, которые создают относительно мало рабочих мест, в которых МСП играют лишь незначительную роль и которые являются чувствительными к воздействию изменений глобального спроса на углеводороды. В более долгосрочной перспективе глобальное стремление к нулевым выбросам, к которому привержен и Казахстан, может резко снизить конкурентоспособность основных факторов роста страны.

Ключ к дальнейшему социально-экономическому развитию и устойчивости лежит в формировании надежного и диверсифицированного частного сектора. Для достижения этой цели правительству предстоит решить соответствующие вопросы в области экономической политики, которые до сих пор препятствовали развитию частного сектора, а также учесть переменчивые потребности предприятий в стремительно меняющемся глобальном контексте.

Опрос иностранных предприятий в Казахстане, проведенный в 2022 году, выявил возможности и проблемы для ведения бизнеса в стране.

ОЭСР провела опрос ряда иностранных частных предприятий в Казахстане, чтобы оценить отношение деловых кругов к текущему процессу реформ, проводимых правительством, и

помочь определить возможности и проблемы в деловом климате. Данный опрос проводился в небольшом масштабе, однако он был целенаправленным и был нацелен в первую очередь на европейские предприятия, работающие в Казахстане, а также на ряд деловых и торговых организаций. Респондентам было предложено высказать свое мнение касательно успехов, достигнутых в реализации стратегии реформирования, и проблем, с которыми они сталкиваются на этом пути, выделить вопросы в области экономической политики, которые они считают наиболее приоритетными, высказать свое мнение о влиянии войны России в Украине и глобальной пандемии на ведение бизнеса в Казахстане, а также поделиться своими мыслями о государственной экономической политике в области поддержки частного сектора в контексте перехода к цифровым и зеленым технологиям.

Из полученных ответов можно сделать три общих вывода. Они во многом совпадают с предыдущими оценками делового климата в Казахстане, проведенными ОЭСР. Во-первых, предприятия отметили, что несмотря на то, что правительству добилось значительного прогресса в области цифровизации процесса предоставления государственных услуг, цифровизация частного сектора по-прежнему сдерживается недостаточным объемом инвестиций в соответствующую инфраструктуру и навыки. Во-вторых, респонденты высоко оценили усилия правительства по упрощению условий деятельности предприятий, в частности упрощению процессов лицензирования и выдачи разрешений, но также обратили внимание на нерешенные проблемы, связанные с упрощением процедур торговли и принудительным исполнением договоров. В-третьих, предприятия согласились с тем, что Казахстан значительно повысил установленную законом открытость экономики, но, тем не менее, подчеркнули проблемы, связанные с конкуренцией и прозрачностью, которые могут выступать в качестве барьеров для инвестиций в практической плоскости.

Улучшение инфраструктуры связи и навыков позволит ускорить цифровизацию частного сектора.

Респонденты подчеркнули свой энтузиазм в отношении цифровых возможностей в Казахстане. Приблизительно 80 % опрошенных отметили, что цифровизация открывает для них новые возможности в стране, кроме того, подавляющее большинство опрошенных сообщили, что они уже пользуются расширенными цифровыми инструментами. Предприятия также положительно оценили использование цифровых технологий для улучшения процесса предоставления государственных услуг, сокращения времени и затрат, связанных с взаимодействием предприятий с государственными органами. Однако предприятия также отметили, что нехватка инфраструктуры и навыков сдерживает процесс цифровой трансформации.

Необходимы дополнительные инвестиции в средства связи и цифровую инфраструктуру, которые требуются для цифровой трансформации, а также в нормативно-правовую базу, которая обеспечит необходимую поддержку процесса перехода к цифровым технологиям. Казахстан добился значительного прогресса в предоставлении предприятиям и гражданам недорогого доступа к инфраструктуре ИКТ широкополосной связи, однако остаются проблемы с повышением качества этой инфраструктуры. Нерешенные вопросы в области законодательного регулирования также могут замедлить переход к цифровым технологиям, например, из-за влияния проблем, связанных с конкуренцией, на инвестиции в строго регулируемый сектор телекоммуникаций. Связанной с этим проблемой является низкий уровень инвестиций в информационные и коммуникационные технологии, на долю которых приходилось всего 1,98 % от общего объема инвестиций в 2019 году, что значительно ниже среднего показателя по ОЭСР (11,4 %).

Дальнейшее упрощение процедур торговли и принудительного исполнения договоров будет способствовать диверсификации

Респонденты в целом положительно оценили ход реализации многочисленных реформ, направленных на улучшение условий деятельности предприятий. Подавляющее большинство респондентов сообщили, что многие аспекты нормативно-правовой среды и экономической политики благоприятствуют ведению бизнеса, и только 6 % предприятий отметили, что деловая среда является в целом неблагоприятной. Предприятия положительно оценили прогресс в ряде областей, влияющих на их повседневную деятельность, в частности, на упрощение требований к регистрации и лицензированию. Подавляющее большинство респондентов также считают, что за последние пять лет правительство добилось значительных успехов в проведении реформ, направленных на поддержку частного сектора.

Тем не менее упрощение процедур торговли и принудительного исполнения договоров стали вызовом для предприятий, что может иметь последствия для их способности вносить свой вклад в государственную программу диверсификации. Правительство Казахстана давно осознало важность реформ, направленных на упрощение процедур торговли, облегчающих местным МСП доступ к международной торговле и конкуренцию за рубежом. Несмотря на то, что Индикаторы упрощения процедур торговли (ИУПТ) ОЭСР свидетельствуют о том, что Казахстан добился определенных успехов в совершенствовании своей системы содействия торговле, сохраняется значительный разрыв со средними показателями по ОЭСР, который мог бы быть сокращен за счет разработки и реализации целенаправленных мер в области экономической политики. Большинство предприятий также отметили важность реформ для поддержки процессов принудительного исполнения договоров. Несмотря на то что в настоящее время в Казахстане существует четкая нормативно-правовая база для обеспечения исполнения договоров и разрешения споров, снятие опасений предприятий по поводу надежности реализации и прозрачности соответствующих решений будет иметь важное значение для способности правительства привлекать высококачественные инвестиции.

Снижение нормативных и связанных с конкуренцией барьеров для инвестиций может способствовать увеличению ПИИ

Меры экономической политики, направленные на поддержку иностранных инвесторов, были в числе наиболее положительно оцененных респондентами опроса. Флагманские проекты, такие как Международный финансовый центр «Астана» и создание особых экономических зон, вошли в тройку мер экономической политики, которые респонденты оценили как «очень полезные», в то время как множество респондентов также положительно оценили создание площадок для диалога между государственным и частным секторами, таких как «Совет иностранных инвесторов». Подобная положительная оценка реформ, связанных с инвестиционной деятельностью, имеет место в контексте относительно открытого законодательного режима для ПИИ, о чем свидетельствуют высокие показатели Казахстана в Индексе регуляторных ограничений ПИИ, разработанном ОЭСР. Учитывая то значение, которое правительство придает реализуемой программе привлечения инвестиций, обнадеживает тот факт, что ряд мер, предусмотренных в ее рамках, был положительно воспринят теми инвесторами, которые уже работают в стране.

Тем не менее, фактический уровень иностранных инвестиций остается низким, особенно за пределами сырьевого сектора. Хотя в целом установленный законодательный режим для ПИИ является относительно открытым, существует ряд нормативных ограничений, особенно в сфере торговли услугами, а также в некоторых сетевых секторах, которые могут препятствовать инвестициям. Аналогичным образом, пока правительство продвигает программу реформ в области защиты конкуренции, проблемы с реализацией политики, направленной на поддержку создания равных условий для государственных и частных предприятий, могут в практической плоскости выступать в качестве барьеров как для внутренних, так и для иностранных инвесторов.

Решение проблем, отмеченных в настоящем отчете, позволит Казахстану обеспечить устойчивый инклюзивный рост.

Казахстан имеет потенциал для поддержания высоких темпов развития в долгосрочной перспективе, однако достижение этой цели потребует реализации дальнейших структурных реформ для облегчения структурных преобразований и перехода к более устойчивой, диверсифицированной и инклюзивной модели развития. Впереди стоят как устрашающие вызовы, так и обширные возможности, особенно те, которые связаны с переходом к «зеленым» и цифровым технологиям. Власти страны взяли на себя обязательство провести широкий спектр необходимых структурных реформ – не только тех, которые рассматриваются в настоящем обзоре, – а также продолжить намеченный курс на дальнейшее совершенствование макроэкономической политики. Однако осуществление многих из этих реформ, вероятно, окажется гораздо более сложным, чем их разработка и принятие, и потребует от государства политической воли и наличия соответствующего административного потенциала. Если правительству Казахстана удастся выполнить взятые на себя обязательства по реализации намеченных реформ, это позволит ему заложить основы для лучшего будущего для своих граждан.

1 Введение

Опрос частного сектора, ставший отправной точкой данного отчета, позволил ОЭСР определить три ключевые проблемы, с которыми сталкиваются компании в Казахстане. Несмотря на прогресс, достигнутый во многих областях делового климата, компании продолжают сталкиваться с проблемами, связанными с цифровой инфраструктурой и навыками, операционными аспектами деловой среды, такими как упрощение процедур торговли и обеспечение исполнения контрактов, а также с нормативными ограничениями на инвестиции в определенные сферы экономики. В этой главе представлен контекст опроса и основные выводы, сделанные на его основе.

1.1. Введение

Казахстан является крупнейшей экономикой в Центральной Азии. С момента обретения независимости экономический рост обеспечивался в основном за счет добычи и экспорта узкого круга товаров – в основном углеводородов и других полезных ископаемых, которыми страна располагает в изобилии. Добывающие отрасли страны по-прежнему имеют решающее значение для роста и являются ключевым фактором инвестиций. Тем не менее эти сектора в Казахстане вносят относительно небольшой вклад с точки зрения прямого создания рабочих мест, а рента, которую они генерируют, сосредоточена среди нескольких компаний, в основном государственных. Эти сектора останутся экономически важными в ближайшие годы, но их способность стать краеугольным камнем устойчивой и инклюзивной модели роста оказалась ограниченной.

После кризиса COVID-19 Казахстан вышел на относительно сильные позиции, а по состоянию на весну 2023 года влияние войны России в Украине ослабло. В 2022 г. рост экономики составил 2,5 % по сравнению с 4,3 % в предыдущем году, причем замедление темпов роста в основном объясняется временными перебоями в добыче нефти. Способность страны противостоять недавним экономическим потрясениям свидетельствует как о значительных резервах и благоразумных мерах экономической политики, предпринятых властями Казахстана, так и о быстроте, с которой они реагировали на потребности бизнеса и общества в период значительных неблагоприятных событий. Тем не менее перспективы роста остаются неопределенными, учитывая социальные волнения в январе 2022 г., продолжение войны России в Украине и потенциальное воздействие дальнейших санкций на торговлю Казахстана, ускоряющуюся внутреннюю инфляцию и ужесточение глобальных финансовых условий – все это создает сложную ситуацию в краткосрочной и среднесрочной перспективе.

На устойчивость экономики Казахстана продолжает негативно влиять относительно слабо развитый частный сектор (World Bank, 2021[1]). Решение проблем, которые мешают частному сектору инвестировать, нанимать персонал и расти, будет иметь ключевое значение для повышения устойчивости страны в ближайшие годы. Это также будет иметь определяющее значение для успеха Казахстана в прохождении двойного перехода – цифровизации и декарбонизации. В данном отчете представлен ряд соображений по ключевым вопросам делового климата, которые были получены в результате опроса иностранных компаний, работающих в Казахстане. Используя последние аналитические данные ОЭСР по этим отдельным вопросам, отчет призван помочь политикам Казахстана эффективно решать наиболее актуальные вопросы, стоящие перед деловым сообществом страны.

1.1.1. Нереализованный потенциал развития частного сектора в Казахстане

Развитие частного сектора является давней, но лишь частично реализованной амбицией сменявших друг друга правительств Казахстана. Несмотря на то, что реализация значительного потенциала, которым обладает ненефтяной частный сектор, является важным компонентом документов и планов в области социально-экономического развития, таких как программа «100 конкретных шагов» и Стратегия «Казахстан 2050», добиться этого пока не удалось. Хотя после обретения независимости наблюдался заметный рост сектора услуг и его сопутствующий вклад в рост и занятость, многие предприятия и рабочие места сектора услуг находятся в областях деятельности, не связанных с внешней торговлей, таких как строительство и розничная торговля, которые характеризуются низкой производительностью и где бизнес связан с перераспределением – часто со стороны государства – доходов от добывающего сектора.

Правительству удалось добиться значительного прогресса в снижении стоимости ведения бизнеса, и сейчас Казахстан значительно более дружелюбен к бизнесу, чем в прошлом (EBRD, 2019[2]). В последние годы власти делают Казахстан все более благоприятным местом для ведения бизнеса при помощи различных мер, включая реформы по упрощению регистрации и лицензирования бизнеса, введение нового, более четкого законодательства в сфере бизнеса, реформирование налогового кодекса и регулирования инвестиций, развитие специальных экономических зон и новых институтов для внутренних рынков капитала. Во многом этому способствовали согласованные усилия по использованию цифровых инструментов для улучшения предоставления государственных услуг и повышения прозрачности, причем цифровизация государственного управления является одной из областей, в которой Казахстан добился значительных успехов. В 2019 г., например, подключение к электрической сети в Казахстане осуществлялось в два раза быстрее, чем в Европе и Центральной Азии, что свидетельствует об эффективном доступе к физической инфраструктуре, которая представляет собой одну из основных статей затрат на ведение бизнеса. На получение разрешений и лицензий в стране также требовалось меньше времени, чем в Европе или Центральной Азии.

Тем не менее то, что частный сектор остается относительно неразвитым, является следствием ряда существующих недостатков делового климата (IMF, 2021[3]). Развитию частного предпринимательства по-прежнему препятствует ряд проблем в области экономической политики и управления. Многие из них касаются роли государства в экономике, вопросов конкуренции и скорости проведения про-рыночных реформ, доступа к финансам, коррупции, инфраструктуры и навыков. Во многих областях значительное улучшение деловой среды де-юре не сопровождалось неукоснительной реализацией утвержденных мер.

Хороший деловой климат в действительности является сложной взаимосвязью множества различных областей политики. Поэтому ответственность за разработку и реализацию этих различных направлений, а также за определение обоснования для принятия практических мер в различных областях, распределена между большим количеством государственных учреждений и органов. Следовательно, одной из главных задач для Казахстана является обеспечение того, чтобы лица, ответственные за различные области политики – конкуренция, фискальная политика, инвестиции, образование, окружающая среда, труд – были хорошо скоординированы и двигались в одном направлении. Слабость в одной из них, например, в области конкуренции, может свести на нет самые решительные усилия в других.

1.1.2. Стремление к достижению нулевых чистых выбросов: дополнительный аргумент для диверсификации

Добывающие сектора экономики Казахстана по-прежнему важны для сохранения доходной базы и бюджетных резервов, позволивших стране пережить наиболее серьезные потрясения, связанные с пандемией COVID. Тем не менее такая сильная зависимость от добывающих отраслей является слишком хрупкой и неустойчивой моделью долгосрочного экономического развития. Колебания мировых цен на сырьевые товары делают экономику Казахстана уязвимой к внешним потрясениям, примерами которых являются мировой финансовый кризис 2008–2009 гг. и его влияние на международный спрос на нефть, обвал цен на сырьевые товары в 2014–2015 гг., а также недавний разрушительный во многих аспектах опыт пандемии COVID-19 и агрессии России против Украины на глобальное производство, спрос и цепочки поставок.

Снижение отдачи от роста в добывающем секторе в глобальном контексте декарбонизации удваивает важность диверсификации. Способность добывающих отраслей Казахстана к стимулированию роста снижается. Добыча ресурсов как фактор роста начала исчерпывать себя. Возможно, еще более важным обстоятельством является то, что в долгосрочной перспективе глобальный переход к устойчивому развитию подорвет конкурентоспособность основных отраслей промышленности Казахстана. Международное стремление к достижению нулевых чистых выбросов, зафиксированное в Парижском соглашении по климату, подписав которое, Казахстан обязался достичь углеродной нейтральности к 2060 г., в долгосрочной перспективе может сделать многие из ключевых факторов роста страны устаревшими или несостоятельными.

Глобальное стремление к более устойчивым и менее углеродоемким способам производства и организации экономики меняет ожидания правительства и общества от частных предприятий. Теперь создание рабочих мест и повышение производительности – далеко не единственные цели экономической политики; компании также должны стать движущей силой перехода к декарбонизации, инвестируя в технологии, знания и инфраструктуру, необходимые для решения климатических проблем.

1.1.3. Данный отчет основывается на результатах опроса частного сектора и представляет направления для разработки мер экономической политики

Содержание опроса определялось на основе опроса международных, в первую очередь европейских, компаний, работающих в Казахстане. Указанный опрос дал возможность оценить настроения среди небольшой когорты международных компаний того типа, который правительство активно стремится привлечь в страну. Опасения, замечания и положительные оценки, полученные в ходе опроса, в основном совпадают с результатами анализа ОЭСР по вопросам делового климата в Казахстане.

Опрос был небольшим, но содержательным. Участие в нем приняли 27 иностранных предприятий, работающих в Казахстане, большинство из которых полностью или частично принадлежат компаниям из Европейского союза, а также четыре иностранные торговые палаты или торговых представительства. Опрос предоставил возможность собрать мнения из первых рук на уровне отдельных компаний по вопросам политики, касающимся делового климата и развития частного сектора в Казахстане. Выводы, полученные в ходе опроса, во многом совпадают с результатами предыдущей работы ОЭСР по вопросам делового климата в Казахстане и подтверждают необходимость для изменения экономической политики. Отчет проливает свет на три вопроса, которые были подняты респондентами:

1. **Казахстану удалось добиться значительного прогресса в цифровизации предоставления государственных услуг и государственного сектора в целом, однако уровень внедрения цифровых технологий в частном секторе остается низким.** Обеспечение доступа компаний к инфраструктуре и навыкам, необходимым для использования преимуществ цифровой трансформации, имеет решающее значение для их долгосрочной конкурентоспособности. Необходим значительный прогресс в области обеспечения частного сектора качественной цифровой и коммуникационной инфраструктурой и навыками, которые необходимы компаниям, чтобы максимально использовать возможности цифровизации.
2. **Правительство заметно снизило постоянные затраты на ведение бизнеса за счет упрощения нормативно-правовой базы и улучшения государственных услуг, таких как лицензирование и регистрация.** Тем не менее остается значительное количество проблем, связанных с фактическими условиями деятельности частных компаний, особенно в вопросах содействия торговле и обеспечения принудительного исполнения договоров.
3. **Были предприняты заметные усилия по повышению инвестиционной привлекательности Казахстана, однако вопросы конкуренции и прозрачности препятствуют успешному осуществлению мер по привлечению новых инвестиций, особенно в отрасли, не связанные с добычей полезных ископаемых.** Тот факт, что ряд наиболее острых вопросов экономической политики, с которыми сталкиваются иностранные инвесторы и предприятия, являются не вопросами инвестиционной политики как таковой, а более структурными вопросами конкуренции и прозрачности, говорит о необходимости,

среди прочего, в более целостном, общегосударственном подходе к поддержке развития частного сектора.

Взятые вместе, эти результаты обеспечивают важный контекст для текущей работы ОЭСР по поддержке улучшения делового климата в Казахстане и помогают подтвердить и обосновать акцент, сделанный ОЭСР на ряде приоритетных областей реформ для властей. Это включает в себя важность улучшения как материальной, так и нематериальной инфраструктуры, необходимой для торговли внутри Казахстана и с его соседями по региону; важность решения неизменно сложных вопросов, связанных с конкуренцией и обеспечением соблюдения нормативных требований; а также важность инвестиций в инфраструктуру и навыки, необходимые для того, чтобы компании могли не просто быть объектами цифрового и «зеленого» переходов, а быть активными участниками этих структурных изменений и извлекать из них выгоду.

Ответы на опрос также свидетельствуют о том, что компании осознают возможности и проблемы, связанные с переходом к устойчивому развитию. Значительное большинство сообщают, что они активно внедряют новые технологии и операции для снижения углеродного следа и поддержки заявленных правительством амбиций в области изменения климата и устойчивого развития. В то же время **большинство компаний отмечают, что меры экономической политики для поддержки «зеленого» перехода остаются недостаточными, и призывают к увеличению инвестиций в устойчивую инфраструктуру, улучшению экологических стандартов и усилению финансовых стимулов для внедрения более экологичных практик в компаниях**.

1.1.4. Структура отчета

В следующей Главе 2 представлено введение в основные аспекты экономического контекста развития частного сектора в Казахстане. В этой главе описываются последние тенденции в области роста, инвестиций, торговли и производительности, а также дан обзор более широкого прогресса в реализации важных вопросов повестки дня в области экономической политики правительства, в частности, в области диверсификации. Далее в Главе 3 дается описание опроса, на результатах которого основана остальная часть отчета. В трех заключительных главах отчета более широко рассматриваются и вопросы трех областей экономической политики, которые были описаны выше.

Глава 4 начинается с обзора цифровизации частного сектора, основанного на ответах компаний, которые призывали к дальнейшему развитию цифровой инфраструктуры и инфраструктуры связи, необходимой для успеха в цифровом контексте, а также содержит обзор вопросов, связанных с цифровыми навыками. В главе 5 рассматриваются два вопроса условий ведения деятельности, на которые обратили внимание компании в ходе опроса: упрощение процедур торговли и обеспечение принудительного исполнения договоров. В этой главе представлены выводы, сделанные на основе Показателей содействия торговле ОЭСР, а также использованы результаты недавней работы ОЭСР по правовой среде ведения бизнеса в Казахстане. Глава 6 завершает отчет обзором последних реформ, направленных на поддержку прямых иностранных инвестиций в Казахстане, и выделяет ряд областей, в которых барьеры, связанные с правовым регулированием и конкуренцией, все еще могут препятствовать реализации программы правительства по привлечению более качественных прямых иностранных инвестиций.

Список литературы

EBRD (2019), *Enteprise Surveys: Kazakhstan 2019 Country Profile*, EBRD/World Bank Group, https://www.enterprisesurveys.org/content/dam/enterprisesurveys/documents/country-profiles/Kazakhstan-2019.pdf. [2]

EBRD (2017), *Kazakhstan diagnostic paper: Assessing progress and challenges in developing a sustainable market economy*, EBRD, https://www.ebrd.com/publications/country-diagnostics. [8]

IMF (2021), *Kazakhstan Staff Concluding Statement of the 2021 Article IV Mission*, https://www.imf.org/en/News/Articles/2021/11/17/kazakhstan-staff-concluding-statement-of-the-2021-article-iv-mission (accessed on 18 May 2022). [3]

OECD (2022), *Weathering Economic Storms in Central Asia*, OECD Publishing, https://www.oecd.org/publications/weathering-economic-storms-in-central-asia-83348924-en.htm. [4]

OECD (2021), *Beyond COVID-19: Prospects for Economic Recovery in Central Asia*, OECD Publishing, Paris, https://www.oecd.org/eurasia/Beyond_COVID%2019_Central%20Asia.pdf. [5]

OECD (2021), *Improving the Legal Environment for Business and Investment in Central Asia*, OECD Publishing, Paris, https://www.oecd.org/eurasia/Improving-LEB-CA-ENG%2020%20April.pdf. [6]

World Bank (2021), *Economic Recovery During Challenging Times: Kazakhstan Economic Update Winter 2021/2022*, World Bank, DC, https://documents1.worldbank.org/curated/en/566741640158785669/pdf/Kazakhstan-Economic-Update-Economic-Recovery-during-Challenging-Times.pdf. [1]

World Bank (2018), *Kazakhstan - Systemtic Country Diagnostic: A New Growth Model for Building a Secure Middle Class*, World Bank, DC, http://documents.worldbank.org/curated/en/801771549867544115/Kazakhstan-Systematic-Country-Diagnostic-A-New-Growth-Model-for-Building-a-Secure-Middle-Class. [7]

2 Экономический обзор Казахстана: тенденции и проблемы

Несмотря на значительные структурные преобразования экономики Казахстана, проводимые с 1991 г., ее устойчивость и конкурентоспособность остаются под вопросом из-за ограниченного развития частного сектора и высокой степени экономической концентрации в добывающих отраслях страны. Хотя многие макроэкономические тенденции, несомненно, являются сильными, выгоды от роста, стимулируемого добычей полезных ископаемых, не были в достаточной степени распределены по всей экономике, что привело к неравномерному росту производительности, инвестиций и инклюзивности. В этой главе представлены некоторые ключевые экономические тенденции и проблемы Казахстана, которые имеют значение для контекста данного исследования и последующих разделов отчета, посвященных конкретным областям экономической политики.

2.1. Обзор и контекст с точки зрения экономической политики

Более чем через три десятилетия после обретения Казахстаном независимости важными для правительства приоритетами остаются снижение роли государства в экономике, развитие частного сектора и содействие диверсификации экономики. Для достижения этих целей правительство разработало многочисленные стратегии экономического развития, инвестировало значительные государственные ресурсы в программы индустриализации и провело ряд нормативно-правовых реформ для поддержки внутреннего и международного бизнеса. Результаты этих практических мер являются неоднозначными. Условия для ведения бизнеса в Казахстане, несомненно, стали гораздо более простыми и привлекательными, а макроэкономические показатели страны за последние два десятилетия были впечатляющими (OECD, 2021[1]). В то же время ограниченным остается прогресс в изменении роли государства в экономике из основного фактора роста объемов производства в фактор, способствующий росту частного сектора, а также прогресс в диверсификации и повышении устойчивости экономики.

В последние годы Казахстан значительно углубил свое сотрудничество с ОЭСР. Страна является активным членом ряда профильных комитетов и рабочих групп, а ОЭСР и правительство Казахстана на регулярной основе работают и сотрудничают в области разработки и реализации реформ, направленных на поддержку стремления к достижению стандартов ОЭСР. В руководящих стратегиях правительства по проведению экономических реформ, таких как программа «Казахстан-2050» и Стратегический план развития до 2025 г., приоритетным является ряд областей, прогресс в которых может непосредственно решить вопросы, отмеченные в настоящем отчете, а также в других работах ОЭСР, посвященных Казахстану.

Данная глава основывается на ряде наблюдений об экономике Казахстана, актуальных для настоящего отчета и текущих дебатов о мерах экономической политики для поддержки развития частного сектора в стране. В разделе 2.2 представлены некоторые общие социально-экономические тенденции, которые создают контекст для более широких обсуждений в отчете. В разделе 2.3 представлен обзор вопросов структурной трансформации и диверсификации, а в разделе 2.4 обсуждается развитие частного сектора и динамика развития бизнеса. Заключительный раздел 2.5 содержит обзор внешнеторговой позиции страны и ее интеграции в глобальные цепочки создания стоимости (ГЦСС).

2.2. Потрясения и устойчивость: ключевые социально-экономические тенденции

Казахстан добился значительного прогресса с начала перехода к рыночной экономике в 1991 г. После выхода из постпереходного спада в 1996 г. реальный ВВП Казахстана рос в среднем на 5,0 % в год, что соответствует среднему региональному показателю, равному 5,4 %, и выше среднего показателя ОЭСР в 2 % за тот же период (Рисунок 2.1) (World Bank, 2023[2]).[1] Накопленные ПИИ в последнем перед пандемией 2019 г. равнялись 84,0 % ВВП, что на 28,9 процентных пунктов больше, чем в 2000 году, а чистый приток был равен 2,1 % ВВП, по сравнению с 7,5 % в указанный выше период (UNCTAD, 2023[3]) (World Bank, 2023[2]). Отчасти снижение притока можно объяснить тем, что ПИИ в страны с капиталоемкими добывающими отраслями могут быть нерегулярными, но когда они осуществляются, их объем может быть значительным. При рассмотрении по отношению к ВВП, значительно выросшему с 2000 г., объемы притока и накопления ПИИ не в полной мере отражают значительное расширение иностранных инвестиций в номинальном выражении.

Рисунок 2.1. Рост реального ВВП в Центральной Азии (2010–2022)

В течение последнего десятилетия рост экономики Казахстана замедляется

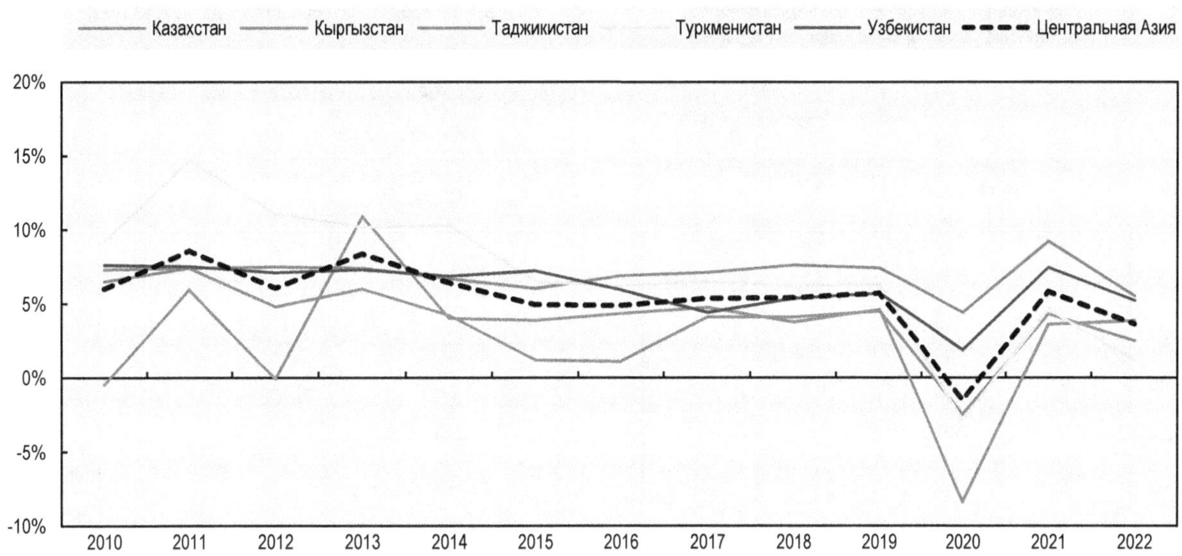

Источник: (World Bank, 2023[2])

С 2010 по 2021 гг. производительность труда, измеряемая в добавленной стоимости на одного работника, выросла на 35 %, а уровень бедности, измеряемый как процент жителей, живущих менее чем на 6,85 доллара США по ППС в день, с 2000 года снизился на 32 %. С 2015 г. уровень безработицы неизменно остается на уровне 4,9 %, в то время как средний показатель по Центральной Азии составляет 5,2 %, а уровень безработицы среди молодежи (15–24 лет), который в 2021 г. составил 4 %, ниже среднего регионального показателя, равного 10,7 %. В 2021 г. валовой внешний долг достиг 83.6 % ВВП, а валовой государственный долг в том же году составил 25.1 % ВВП (IMF, 2022[4]).

Темпы роста ВВП и производительности снижаются. Хотя рост ВВП остается более высоким, чем в большинстве стран ОЭСР, с 2001 г. наблюдается его замедление, усилившееся после глобального финансового кризиса 2008–2009 гг. (ГФК) и ценового шока на сырьевых рынках в 2014-2015 гг. Примерно с 2000 г. наблюдалась устойчивая конвергенция со средним показателем по ОЭСР, однако после краха сырьевых рынков 2014-2015 гг. процесс конвергенции начал стагнировать (Рисунок 2.2 a). Аналогичная тенденция характерна и для роста производительности труда, который замедлился в последние годы, особенно после ГФК, и по-прежнему составляет около 60 % от среднего показателя по ОЭСР (Рисунок 2.2 b). Замедление роста производительности было более выраженным в секторах, не связанных с добычей полезных ископаемых, на которые по-прежнему приходится наибольшая доля занятости, но меньшая доля внутренних и иностранных инвестиций. На уровне компаний производительность в МСП примерно в два раза ниже, чем в крупных компаниях страны, причем последние преобладают в добывающих секторах страны, что указывает на то, что совокупные уровни роста производительности скрывают неравномерное распределение этого роста по частному сектору (EBRD, 2017[5]) (EBRD, 2022[6]).

Рисунок 2.2. Рост в Казахстане: региональный контекст, конвергенция с ОЭСР, вопрос о ресурсах и вклад различных сторон

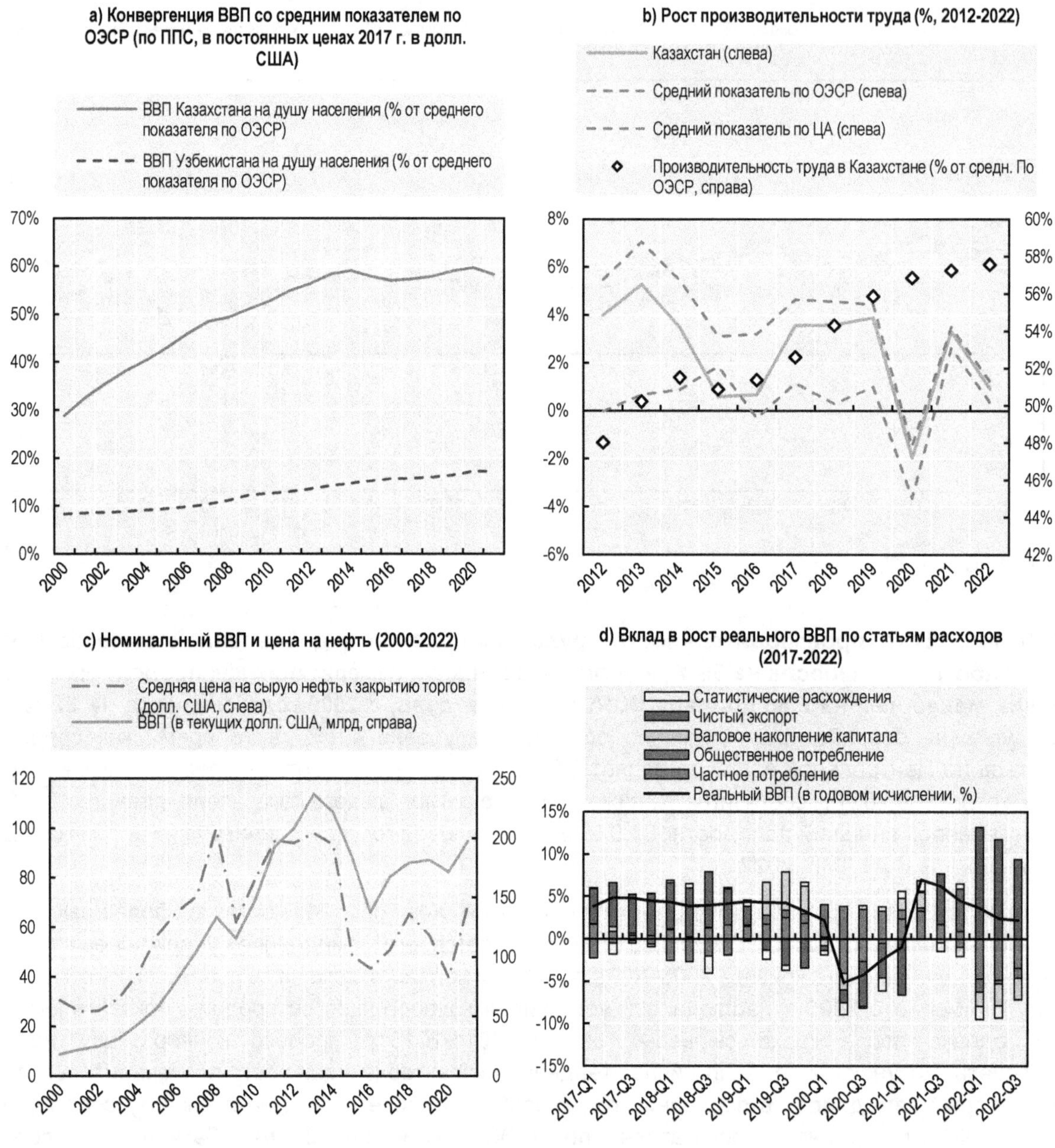

Примечание: Расчеты ОЭСР на основе данных ОЭСР и данных Бюро национальной статистики Казахстана; Узбекистан включен в диаграммы в данном отчете для сравнения в связи с его включением в сопровождающий отчет.
Источник: (MacroTrends, 2023[7]) (World Bank, 2023[2]) (National Statistics Office of Kazakhstan, 2023[8]) (ILO, 2023[9])

Рост экономики по-прежнему обеспечивается в основном за счет добычи и экспорта природных ресурсов. На протяжении более двух десятилетий экономический рост Казахстана тесно коррелировал с мировыми ценами на нефть (Рисунок 2.2 c); с ростом цен на нефть рос и ВВП, также верно и обратное. Это отражает тот факт, что чистый экспорт – большую часть которого составляют углеводороды – является одним из ключевых факторов, обеспечивающих ежегодный экономический рост (Рисунок 2.2 d). Особенно высокие цены на нефть помогли компенсировать значительные государственные расходы во время глобальной пандемии, при этом рост государственных доходов в 2022 г. на 70 % в значительной степени обусловлен международной ценой на нефть (в 2021–2022 гг. рост нефтяных доходов составил 177 % против 27 % ненефтяных доходов при незначительном увеличении объемов экспорта) (IMF, 2022[4]).

Поэтому добывающий сектор продолжает оставаться основным источником не только роста, но бюджетной устойчивости, позволяя правительству накапливать значительные резервы. Одной из основных задач правительства является решение проблемы волатильности, которую создает чрезмерная зависимость макроэкономической стабильности от ресурсной ренты (например, через волатильность обменного курса), и сопутствующих проблем, связанных с созданием здоровой и предсказуемой среды для ведения бизнеса. В то же время правительство должно учитывать тот факт, что, хотя страна остается конкурентоспособным экспортером углеводородов, в результате глобального перехода к декарбонизации эта конкурентоспособность снизится; по прогнозам МЭА, если стороны Парижского соглашения по климату выполнят свои заявленные цели, к 2050 г. мировой спрос на углеводороды сократится на 50 % (IEA, 2022[10]).

Хотя Казахстан имеет одну из самых энергоемких экономик в мире, страна увеличивает производительность выбросов и потребление энергии относительно объема производства. Интенсивность выбросов CO2 в Казахстане – объем CO2, необходимый для производства продукции на сумму 1 доллар США по ППС – снизилась почти на 50 % в период с 2000 по 2020 г., хотя текущий уровень (0,45 кг CO2/доллар США по ППС) остается на 73 % выше среднемирового (Рисунок 2.3 a) (IEA, 2022[11]). В то же время энергетическая производительность роста (рассчитываемая как ВВП на единицу общего объема энергоснабжения, выраженная как соотношение долл. США/тонна нефтяного эквивалента) повышается. В 2000 г. на 1 тонну нефтяного эквивалента (ТНЭ) в Казахстане приходился объем продукции, равный 4098 долл. США, по сравнению с 6925 долл. США в 2020 г. Это представляет собой значительное увеличение энергетической производительности, но все же намного ниже среднего показателя по ОЭСР, где на 1 ТНЭ приходится в 1,6 раза больше продукции (Рисунок 2.3 b).

Рисунок 2.3. Интенсивность выбросов CO2 и энергоемкость экономики Казахстана

Производство стало более энергоэффективным и менее углеродоемким, однако показатели энергоемкости и интенсивности выбросов в Казахстане остаются намного более высокими, чем в среднем по ОЭСР

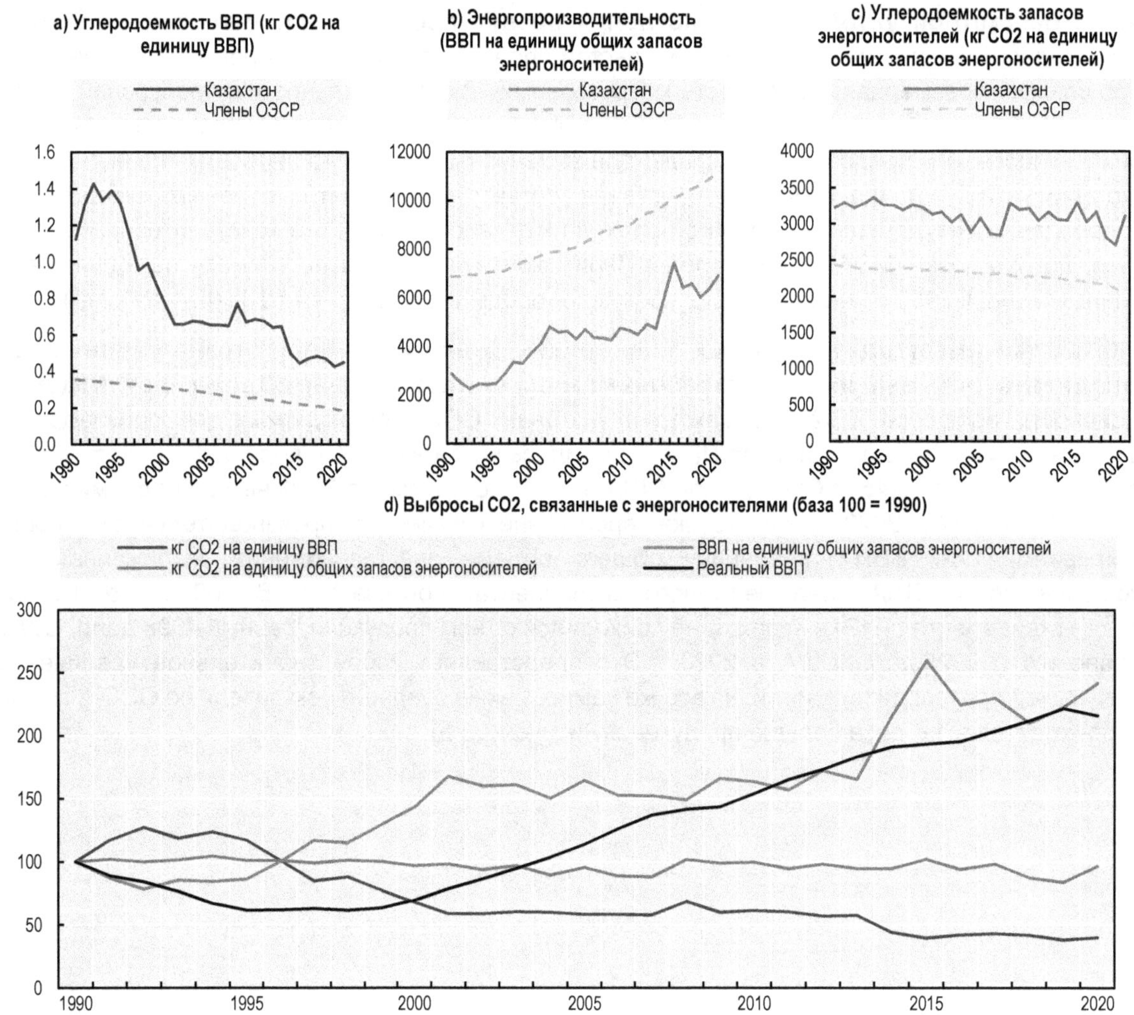

Примечание: ВВП выражается в долларах США, 2015 г.
Источник: (OECD, 2023[12])

Устойчиво высокий уровень выбросов CO2 и энергии, необходимой для роста Казахстана, обусловлен углеродным следом добывающего сектора и преобладанием ископаемых видов топлива в энергоснабжении страны. Тем не менее наблюдается положительная тенденция к снижению большинства показателей интенсивности выбросов и роста, включая интенсивность выбросов CO2 на единицу общего объема энергоснабжения (ключевой фактор декарбонизации внутреннего энергетического сектора), что свидетельствует о том, что Казахстан постепенно модернизирует свою промышленную базу и энергетический сектор (Рисунок 2.6 d). Для того, чтобы приблизиться к стандартам ОЭСР по энергоемкости и интенсивности выбросов CO2, а значит и к долгосрочным целям правительства по сокращению выбросов, Казахстану потребуются значительные инвестиции в инфраструктуру.

Характер экономики Казахстана, связанный с интенсивными выбросами, имеет значительные издержки для здоровья населения. По расчетам ОЭСР, в Казахстане уровень преждевременной смертности от воздействия твердых частиц (PM2.5) является значительным (чуть менее 600 на 1 000 000 жителей), а социальные издержки от преждевременной смертности в результате воздействия загрязнения PM2.5 в 2019 году составили около 6% ВВП (OECD, 2022[13]). Отчасти это отражает тот факт, что около 98,6 % населения Казахстана подвергается воздействию PM2.5 в воздухе. Этот показатель не только значительно превышает средний показатель по ОЭСР, равный 61,6 %, но и остается неизменным с 2000 г., в то время как соответствующий уровень в ОЭСР в течение указанного периода постепенно снижался (OECD, 2023[14]).

2.3. Структурные изменения и диверсификация

В 1990-х годах Казахстан пережил быстрый процесс структурных преобразований. С 1992 г. добавленная стоимость сельского хозяйства снизилась с 23,2 % ВВП до 5 %, что, тем не менее, выше среднего показателя по ОЭСР, составляющего 1,4 %. В то же время добавленная стоимость сектора услуг существенно увеличилась с 25,1 % до 55 % от ВВП, что также значительно ниже среднего показателя по ОЭСР, составляющего 71 %. Добавленная стоимость в обрабатывающей промышленности неуклонно снижалась с 16 % до 13 % от ВВП, что соответствует среднему показателю по ОЭСР (Рисунок 2.4).

Рисунок 2.4. Добавленная стоимость в сельском хозяйстве, промышленности и секторе услуг (% от ВВП)

В Казахстане наблюдается значительный рост доли услуг в добавленной стоимости при снижении в сельском хозяйстве и обрабатывающей промышленности

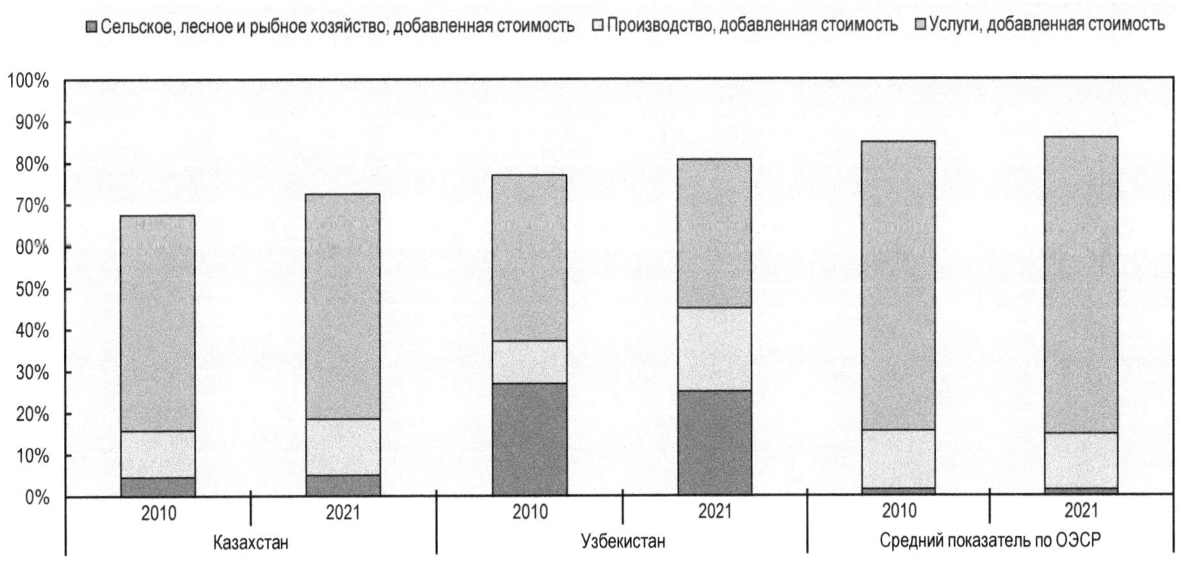

Примечание: Добавленная стоимость по отраслям в текущих ценах, выраженных в долларах США
Источник: (UN, 2023[15]) (World Bank, 2023[2])

Экономическая логика структурных изменений заключается в перераспределении труда и капитала от менее производительных видов деятельности к более высокопроизводительным, однако многие работники в Казахстане заняты на рабочих местах с низким уровнем производительности. Примерно 81,5 % населения заняты в секторах, где производительность труда примерно равна или ниже среднего уровня по стране (Рисунок 2.5), хотя высокая степень экономической неформальности – особенно в таких секторах с низкой производительностью, как торговля и сельское хозяйство – может означать, что в действительности в стране больше работников, занятых в секторах с низкой производительностью, чем следует из официальных данных. Одной из проблем Казахстана является то, что средний показатель по стране составляет 28 % от среднего показателя по трем наиболее производительным секторам – горнодобывающей промышленности, услугам в сфере недвижимости и обрабатывающей промышленности. Как следствие, возникает серьезная проблема инклюзивности роста, поскольку в этих наиболее производительных секторах создаются наиболее производительные рабочие места и наиболее высокие уровни инвестиций, но они вносят незначительный вклад в общую занятость (в совокупности 11,7 %). Более того, устойчивость этих секторов является крайне неопределенной, как с точки зрения их уязвимости к краткосрочным ценовым шокам, так и с точки зрения их подверженности долгосрочным последствиям глобальной декарбонизации. Поэтому за картиной производительности, которая складывается на национальном уровне, скрываются значительные проблемы устойчивости и инклюзивности, будь то на отраслевом, корпоративном, гендерном или региональном уровне.

Около 41 % населения заняты в секторах, где средняя продуктивность составляет менее половины от среднего показателя по стране. Например, на сектор образования приходится 12,7 % занятости, а на государственное управление – 5,5 %, но добавленная стоимость на одного работника в этих секторах составляет 2,9 млн тенге и 3,2 млн тенге соответственно, что значительно ниже среднего по стране показателя в 9 млн тенге. На сельскохозяйственный сектор по-прежнему приходится 13,4 % общей занятости, а добавленная стоимость на одного работника составляет в среднем 3,6 млн. тенге (около 7750 долл. США). Задача лиц, ответственных за разработку политики – обеспечить, чтобы выгоды от высоких макроэкономических показателей распределялись в обществе таким образом, чтобы обеспечить инклюзивность и способствовать социальной сплоченности.

Рисунок 2.5. Добавленная стоимость на одного работника и показатели занятости в различных секторах, 2021 г.

На сектора с высокой производительностью приходится небольшая доля от общей занятости

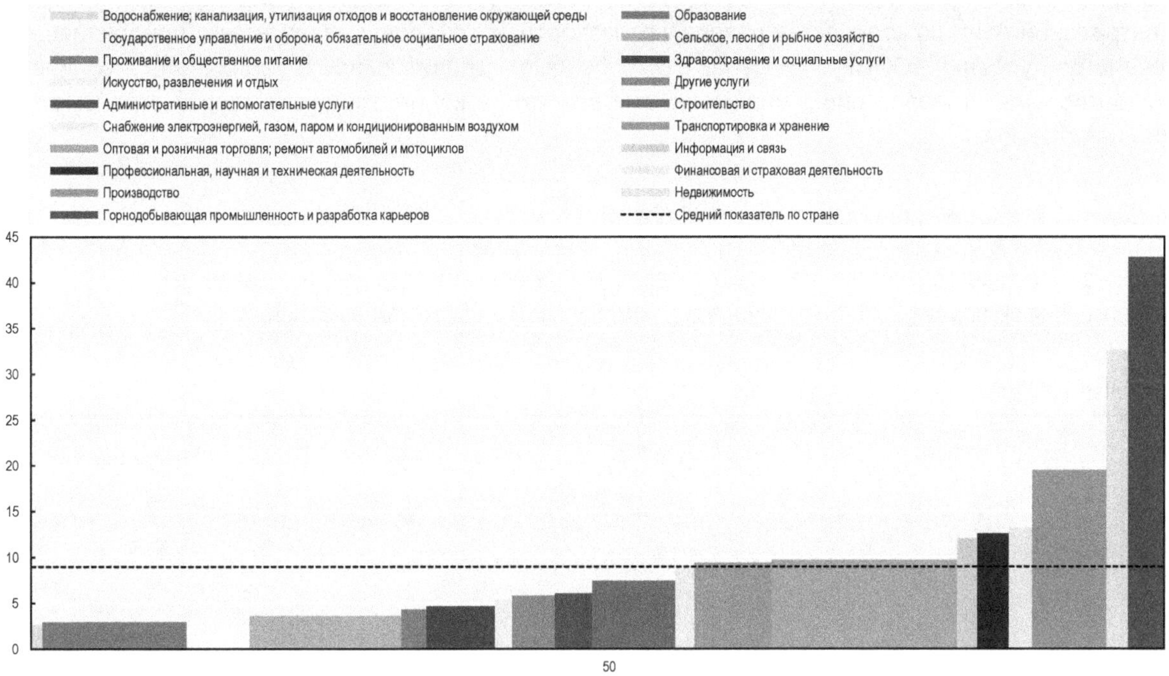

Примечание: горизонтальная ось лежит в диапазоне от 0 до 100 %. Важно отметить, что график не показывает неформальную занятость, которая остается значительной как в Казахстане, так и в других странах Центральной Азии.
Источник: Расчеты ОЭСР на основе (ILO, 2023[9]) и (UN, 2023[15])

Глубина и устойчивость структурных изменений связана с более сложным вопросом диверсификации. В значительной степени расширение сектора услуг Казахстана – будь то создание рабочих мест в сфере услуг с высокой добавленной стоимостью, таких как финансы, или с низкой добавленной стоимостью, таких как розничная торговля и гостиничный бизнес – осуществлялось за счет ренты от экспорта сырьевых товаров. Это не умаляет успехов в создании высококачественных рабочих мест в секторе услуг в Казахстане, но подчеркивает связь между диверсификацией и устойчивостью секторов, не связанных с внешней торговлей. Еще одна из основных задач правительства – изолировать факторы, определяющие успех частного сектора – инвестиции, рост производительности, инновации и т. д. – от волатильности условий торговли.

Как отмечалось в разделе 2.2, значительный компонент экономического успеха Казахстана связан с углеводородным сектором. В 2020 г. экспорт топлива составил половину стоимости всего экспорта Казахстана, а чистый экспорт стал одним из ключевых факторов роста ВВП (Observatory of Economic Complexity, 2023[16]). Если расширить определение добывающего сектора, включив в него топливо, переработку материалов и сырье, это будет означать, что на добывающий сектор приходится 76 % всего экспорта и 29 % ВВП (OECD, 2020[17]). Проблема для Казахстана заключается в том, что при всей экономической важности добывающего сектора степень положительных и прочных связей с более широкой экономикой в плане повышения производительности и конкурентоспособности ограничена и может даже препятствовать способности компаний в ненефтяных секторах расти и внедрять инновации из-за так называемой «голландской болезни» (Frankel and Romer, 1999[18]) (Corden and Neary, 1982[19]).

Казахстан начал диверсифицировать свою экономику, но влияние на структуру производства пока является ограниченным. Одним из наиболее ярких свидетельств ограниченных результатов диверсификации в Казахстане является концентрация его экспортной корзины. В период с 2000 по 2019 гг. Казахстан значительно расширил ассортимент экспортируемой продукции, став, безусловно, наиболее диверсифицированным экспортером в Центральной Азии по количеству различных экспортных товаров и значительно приблизившись к среднему уровню ОЭСР (Рисунок 2.6). Однако значительное увеличение количества экспортируемых товаров лишь минимально повлияло на концентрацию экспорта страны с точки зрения объемов.

Рисунок 2.6. Диверсификация экспорта (2019)

Казахстан увеличил количество различных товаров, которые он экспортирует, но, тем не менее, концентрация экспорта с 2000 г. увеличилась в номинальном и объемном выражении

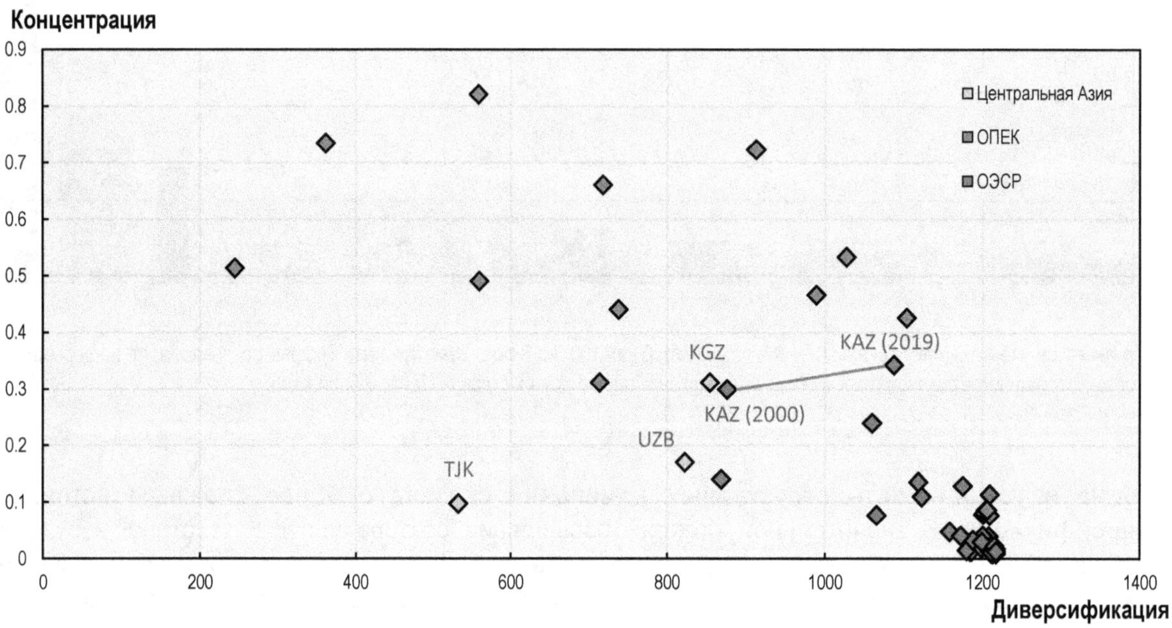

Примечание: Концентрация экспорта измеряется с помощью удельного индекса Херфиндаля-Хиршмана (HHI) для экспортируемых товаров, классифицированных в соответствии с четырехзначной системой HS. Разнообразие измеряется как количество экспортируемых продуктов в соответствии с четырехзначной системой HS. HHI – это индекс, традиционно используемый антимонопольными органами для оценки концентрации рынков, при этом значение 0,15 является конкурентным, 0,15–0,25 – умеренно концентрированным, а выше 0,25 – высококонцентрированным.
Источник: расчеты ОЭСР на основе данных OEC (Observatory of Economic Complexity, 2023[16]).

Другими словами, несмотря на экспорт более широкого ассортимента продукции, общая концентрация экспортной корзины страны, связанная с углеводородной продукцией, с точки зрения объема и стоимости фактически увеличилась. Значение HHI экспортной корзины Казахстана в 2019 г. (0,3) можно считать высококонцентрированным, аналогично среднему значению по странам ОПЕК (0,496), и значительно выше среднего значения по ОЭСР (0,042), а также выше среднего значения по Центральной Азии (0,23), хотя этот показатель является относительно концентрированным. То, что объем ненефтяного экспорта остается низким, свидетельствует о барьерах конкурентоспособности и транспортных связей, с которыми сталкиваются МСП в ненефтяных секторах в международной торговле, что обсуждается в разделе 2.3 ниже; более подробная разбивка торговли Казахстана приведена в разделе 2.5.

2.4. Развитие частного сектора и динамика развития бизнеса

МСП являются одним из основных факторов повышения занятости и роста, и динамику их развития можно рассматривать как более широкий показатель здоровья делового климата. В 2022 г. на долю малых предприятий приходилось 97,7 % всех предприятий Казахстана, на долю средних предприятий – 1,6 %, а на долю крупных предприятий – 0,6 %. Помимо того, что МСП являются крупнейшей частью бизнес-сообщества, их вес в экономике Казахстана за последние два десятилетия увеличился: доля МСП в валовой добавленной стоимости (ВДС) Казахстана выросла с 6 % ВВП в 2005 г. до 34 % в 2021 г., а доля в занятости за тот же период увеличилась с 16 % до 40 % (Рисунок 2.7).

Рисунок 2.7. Доля МСП в торговле, ВВП и занятости (2005–2021)

Доля МСП в занятости и добавленной стоимости неуклонно растет с 2005 г.

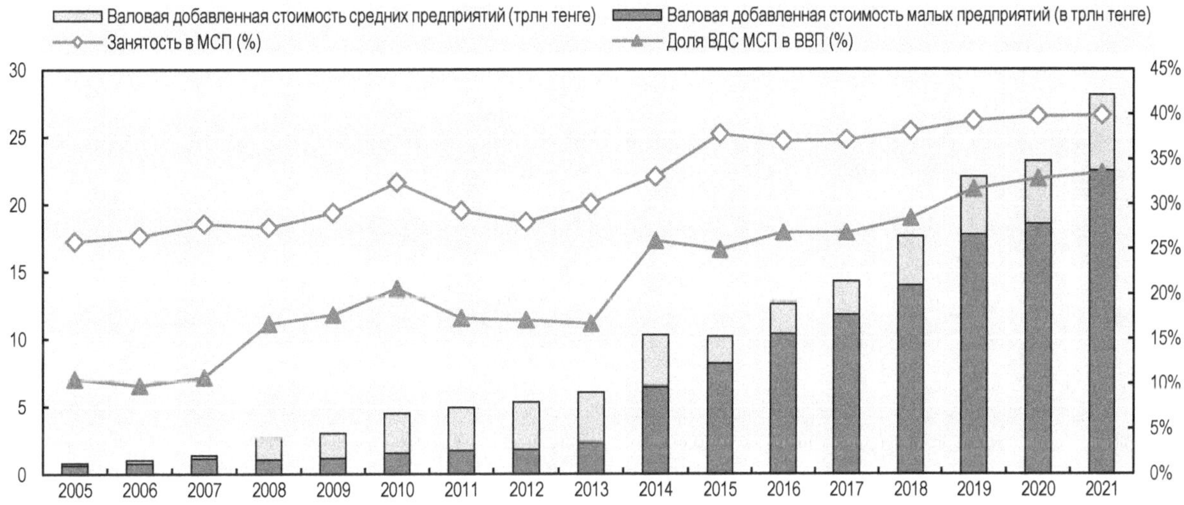

Примечание: ВДС выражается в триллионах тенге.
Источник: расчеты ОЭСР, основанные на данных Бюро национальной статистики Казахстана (National Statistics Office of Kazakhstan, 2023[20])

Вклад МСП в торговлю растет, но интернационализацию компаний сдерживают проблемы производительности и транспортных связей. Хотя общее число МСП выросло, этот рост в основном происходил в секторах с относительно низким уровнем интернационализации и производительности (зачастую не связанных с внешней торговлей). Хотя недостаточная производительность в этих секторах может быть связана с проблемами внутреннего делового климата, общая проблема конкурентоспособности может быть усугублена «голландской болезнью» зависимости от ресурсов, которая посредством повышения курса валюты увеличивает относительную стоимость ненефтяного экспорта, тем самым снижая его конкурентоспособность на международных рынках. И, наконец, Казахстан сталкивается со значительной ограниченностью транспортных связей. Страна является большой, географически удаленной и в значительной степени периферийной для глобальных торговых потоков, и решение этих проблем требует значительных инвестиций в устойчивую и высококачественную инфраструктуру связи, а также значительного улучшения нематериальной инфраструктуры страны в области таможенного и другого торгового регулирования (ITF, 2019[21]).

Последовательные реформы, направленные на поддержку развития частного сектора, облегчили ведение бизнеса в Казахстане. Условия для открытия и ведения бизнеса – с точки зрения простоты регистрации, управления лицензированием и выдачей разрешений и т. д. – в последние годы значительно упростились. Возможно, неудивительно, что, учитывая возросшую простоту ведения бизнеса и относительно высокие макроэкономические показатели, наблюдается значительное увеличение числа новых предприятий, работающих в Казахстане (Рисунок 2.8). В период с 2010 г. по 2022 г. в секторах с более высокой производительностью, таких как горнодобывающая и обрабатывающая промышленность, наблюдается значительное увеличение числа действующих предприятий (102 % и 107 % соответственно), хотя вклад этих предприятий в общую численность предприятий (1 % и 4,9 %) и занятость (3,2 % и 6,6 %) в 2022 г. будет все еще относительно низким. В то же время одни из наиболее высоких темпов роста числа предприятий наблюдались в секторах с более низкой производительностью, таких как сельское хозяйство (рост на 272 %) и строительство (205 %).

Рисунок 2.8. Динамика развития бизнеса в Казахстане (2010–2022)

Наблюдается значительный рост числа предприятий, особенно в сфере неторгуемых услуг

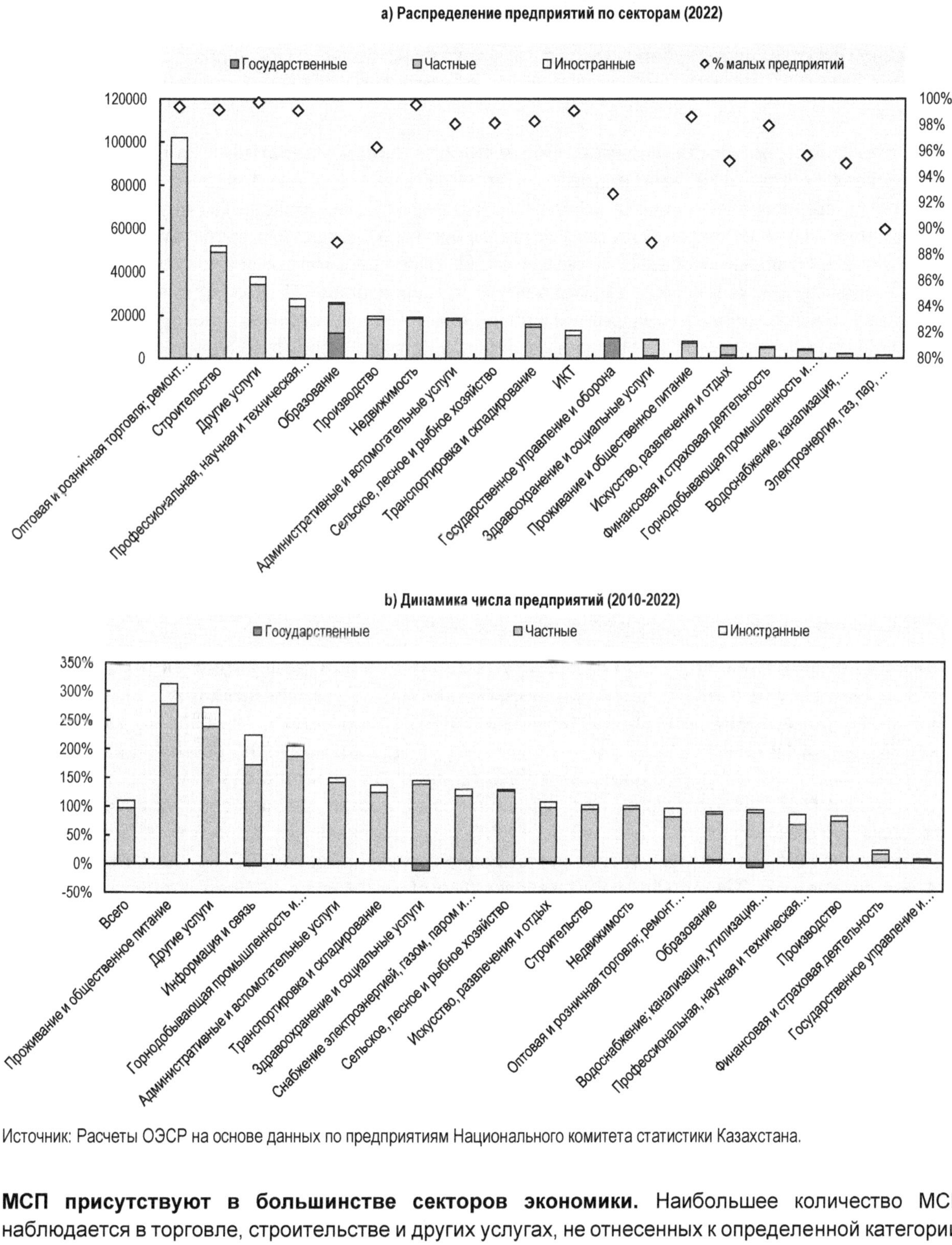

Источник: Расчеты ОЭСР на основе данных по предприятиям Национального комитета статистики Казахстана.

МСП присутствуют в большинстве секторов экономики. Наибольшее количество МСП наблюдается в торговле, строительстве и других услугах, не отнесенных к определенной категории. Наименьшее количество МСП приходится на такие отрасли как образование, здравоохранение и электроснабжение, хотя это в значительной степени отражает роль крупных государственных предприятий в этих сферах экономики. Неудивительно, что в добывающих отраслях и смежных с ними секторах (таких как обрабатывающая промышленность) доля МСП меньше, но, тем не менее, существует большое количество малых предприятий в промышленных экосистемах и цепочках поставок в указанных областях с более высокой производительностью. Также наблюдается заметный рост числа иностранных компаний, работающих в Казахстане. Количество компаний с иностранной собственностью увеличилось в ряде секторов с более высокой производительностью, таких как ИКТ (51 %), горнодобывающая промышленность (18 %) и профессиональные и технические услуги (17 %).

Трудности с доступом к финансированию и привлечением инвестиций могут сдерживать рост производительности, инноваций и, в конечном счете, конкурентоспособности МСП. Несмотря на согласованные усилия по увеличению инвестиций, уровень как внутреннего, так и внешнего накопления основного капитала остается низким. Последствия недостатка инвестиций в Казахстане значительны, особенно в контексте цифрового перехода и декарбонизации, которые требуют значительных уровней капиталоемкой модернизации. В Казахстане значительное присутствие государственных предприятий в национальном банковском секторе, обременительные требования к обеспечению и высокие рыночные ставки кредитования делают доступ к финансированию одной из основных проблем для местного частного сектора. В 2020 г., последнем году, по которому имеются данные, внутренний кредит частному сектору составил 25,6 % ВВП, что значительно ниже среднего показателя ОЭСР, составляющего 160,7 % (World Bank, 2023[2]). Незначительность внутреннего кредитования усугубляется неразвитостью внутреннего рынка капитала: рыночная капитализация Казахстанской фондовой биржи (KASE), составляющая 45,3 млрд. долл. США, велика для Центральной Азии, но уступает более развитым биржам в других странах (KASE, 2023[22]). Одним из результатов проблем с доступом к финансированию является то, что компании в значительной степени полагаются на внутренние средства для удовлетворения потребностей в финансировании, что может ограничить объем инвестиций – и стимулы для инвестирования – на уровне предприятия (Рисунок 2.9).

Одним из последствий затрудненного доступа к финансированию является ограниченный уровень инвестиций в ИКТ и нематериальный капитал на уровне предприятия, что может сдерживать рост производительности и конкурентоспособности. Инновации, являющиеся основным фактором конкурентоспособности, требуют как доступа к технологиям и инфраструктуре, необходимой для их использования, так и нематериального капитала (навыки, управленческие способности и т. д.), необходимого для выявления возможностей для инноваций и использования этих возможностей. Уровень инвестиций в ИКТ, выраженный как доля от общего объема инвестиций, крайне низок и значительно ниже среднего показателя по ОЭСР (1,98 % ВНОК против 11,4 % в среднем по ОЭСР) (National Statistical Office of Kazakhstan, 2023[23]). Отчасти это может быть связано со структурой промышленности Казахстана, где ключевые отрасли, такие как горнодобывающая промышленность, являются чрезвычайно капиталоемкими. Это также подчеркивает более общую сложность, связанную с возможностью направления банковским сектором капитальных ресурсов на инвестиции, повышающие производительность и приносящие пользу экономике в целом, что затрудняется обременительной стоимостью заимствований для МСП. Еще один канал, по которому трудности с доступом к финансированию влияют на конкурентоспособность компаний – это потенциал в области инноваций. Например, в 2018 г., последнем году, по которому имеются данные, валовые внутренние расходы на НИОКР в Казахстане составили 0,12 % ВВП; эквивалентные показатели для ЕС и ОЭСР составили 2,1 % и 2,4 % соответственно (OECD, 2023[24]). Расходы Казахстана на НИОКР в отношении к ВВП составляют половину расходов за 2002 г., что, несомненно, скажется на инновациях, производительности и конкурентоспособности местного частного сектора.

Несмотря на относительно открытую нормативно-правовую среду для инвестиций, уровень ПИИ остается низким. Как источник финансирования, ПИИ в Казахстане остаются относительно небольшими (Рисунок 2.9 a), и в 2020 г. приток ПИИ был равен 2 % ВВП, при этом их уровень постоянно снижался по отношению к ВВП со времен глобального финансового кризиса 2008-2009 гг. (Рисунок 2.9 b). В 2020 г. наибольшая доля ПИИ приходилась на горнодобывающую промышленность и разработку карьеров, а двумя другими крупнейшими получателями ПИИ стали обрабатывающая промышленность и оптовая торговля (Рисунок 2.9 c). Крупнейшими инвесторами в 2022 г. являлись Нидерланды (29,75 %), США (18,23 %), Швейцария (9,86 %) и Бельгия (5,57 %); на долю Китая пришлось 5,11 % от общего объема ПИИ. ПИИ, как правило, концентрируются в нескольких регионах, в частности, в Атырауской области (29,4 % в 2022 г.), Алматы (27 %), Астане (8 %) и Восточно-Казахстанской области (7,9 %), причем региональная концентрация ПИИ за последние годы осталась относительно неизменной (National Statistical Office of Kazakhstan, 2023[23]).

Рисунок 2.9. Прямые иностранные инвестиции в Казахстане

ПИИ играют относительно небольшую роль во ВНОК Казахстана и сосредоточены в нескольких отраслях промышленности

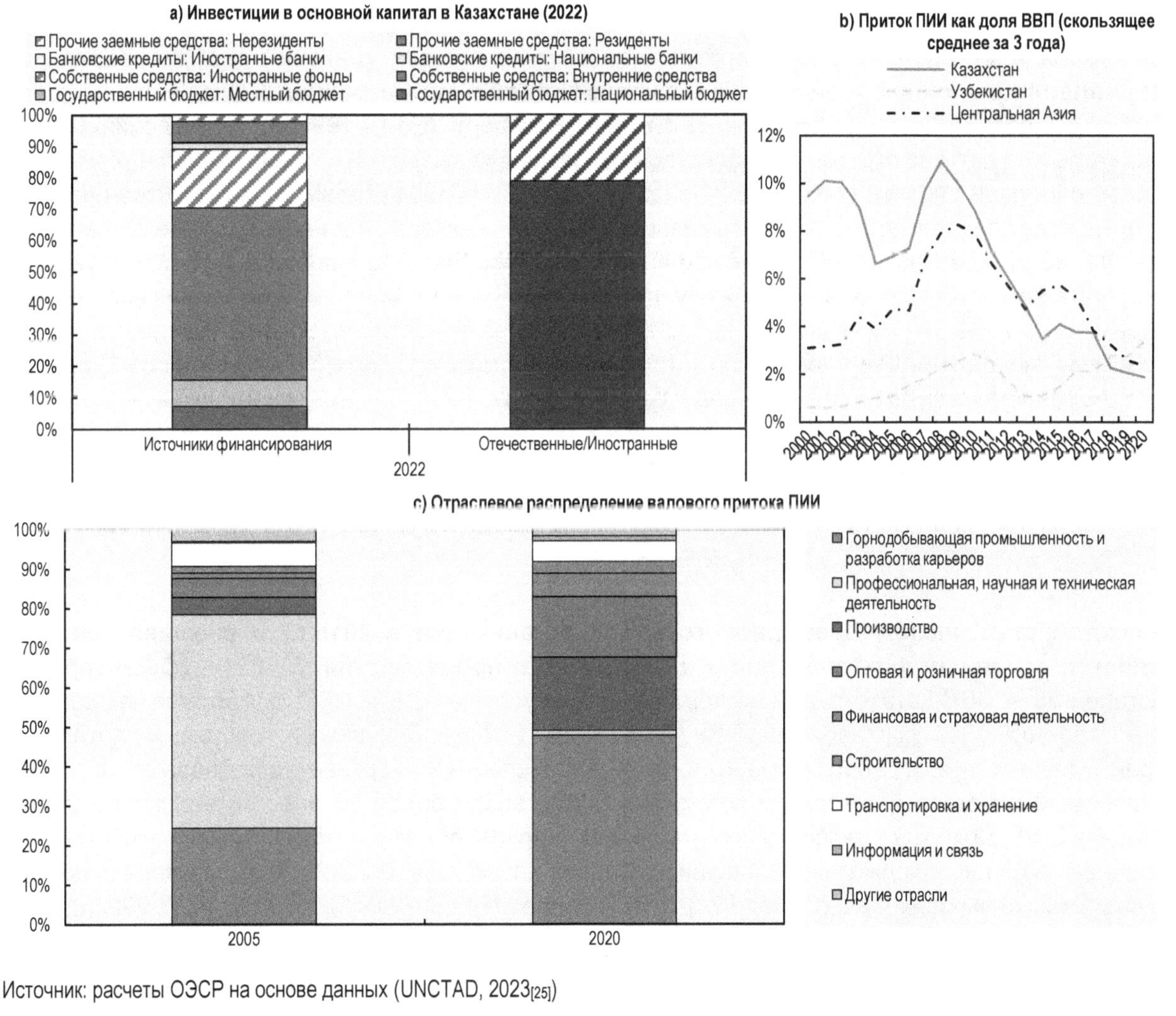

Источник: расчеты ОЭСР на основе данных (UNCTAD, 2023[25])

Следует отметить, что правительство проводит широкомасштабную программу по реализации мер экономической политики, направленных на поддержку приватизации, улучшение корпоративного управления ГП и рационализацию роли государства в экономике

в целом. Из этого следует, что Казахстан хорошо понимает важность решения этих вопросов для перехода страны к более устойчивой и инклюзивной модели роста. Например, в Комплексном плане приватизации на 2021-2025 гг. правительством были перечислены 675 государственных и квазигосударственных организаций, которые будут приватизированы, ликвидированы или акционированы до приватизации. Правительство также продолжает сотрудничать с ОЭСР по указанным вопросам, в частности, в рамках проектов по корпоративному управлению ГП (OECD, 2021[26]).

Еще одним препятствием для развития частного сектора может являться значительное прямое влияние государства на экономику. По показателям регулирования товарного рынка ОЭСР Казахстан занял пятое место среди стран, включенных в индекс, по степени ограничений в экономике, третье место среди экономик с наиболее высоким уровнем искажений из-за государственного участия и самое высокое место по степени ограничений, связанных с государственной собственностью (OECD, 2018[27]). Хотя страна имеет хорошие показатели в таких областях, как административные барьеры для стартапов, условия осуществления деятельности представляются крайне неравными из-за широкого присутствия государства в экономике, от банковского сектора до ключевых сетевых секторов и основных отраслей тяжелой промышленности, а также в управлении государственными предприятиями.

Взаимосвязь между ролью государства в экономике и структурными преобразованиями в направлении рыночной экономики является сложной и многогранной (Hausmann and Rodrik, 2003[28]) (Amsden, 2001[29]) (Ha-Joon (Ed.) and Rowthorn (Ed.), 1995[30]). В условиях, когда правительство активно стремится содействовать созданию высококачественных рабочих мест для быстро растущей рабочей силы, широкое присутствие ГП создает огромное количество проблем, которые будут продолжать сдерживать развитие частного сектора: мягкие бюджетные ограничения для ГП могут повлечь за собой неэффективность, проблемы с управлением действующими предприятиями, субсидии для поддержки услуг, оказываемых по тарифам ниже уровня возмещения затрат, и влияние на инвестиции (IMF, 2021[31]). В совокупности, масштабы присутствия ГП в экономике, ненадлежащее управление и надзор за многими из указанных предприятий, а также расположение указанных ГП в ключевых сетевых секторах – все это делает игровое поле для бизнеса неравным, ограничивая эффективность поощряемых реформ, направленных на улучшение делового и инвестиционного климата в стране.

2.5. Торговля и экономическая интернационализация

Казахстан стал членом Всемирной торговой организации в 2015 г., и внешняя торговля является основным фактором роста и внутреннего производства. В 2021 г. объем торговли составил 58 % ВВП Казахстана, а экспорт товаров и услуг – 33,6 % ВВП, в то время как средний показатель по ОЭСР составляет 28,2 % (World Bank, 2023[2]). Основными торговыми партнерами страны являются ЕС, Россия и Китай, а в ее экспортной корзине преобладают полезные ископаемые и металлы, которые в совокупности составили более 80 % всего экспорта в 2021 г. (Рисунок 2.10 . Доходы от экспорта углеводородов и других полезных ископаемых способствовали укреплению крупных бюджетных и внешних резервов Казахстана. В 2022 г. страна имела профицит по счету текущих операций в размере 2,8 % ВВП после дефицита в 4 % в 2021 г (IMF, 2023[32]).

Торговый профиль Казахстана имеет три основные и взаимосвязанные характеристики. Во-первых, страна имеет чрезвычайно концентрированную экспортную корзину, которая с течением времени становится еще более концентрированной, несмотря на внутренние усилия по диверсификации экспорта. Во-вторых, страна имеет относительно разнообразный круг экспортных партнеров, но пути экспорта на эти рынки ограничены. Наконец, в связи с характером экспортной корзины страны и ее внутренней промышленности она имеет низкий уровень интеграции в глобальные цепочки создания стоимости, ограничиваясь зачастую ролью поставщика низкотехнологичной и, как правило, непереработанной продукции, в основном топлива и полезных ископаемых (OECD, 2021[33]). Все эти три характеристики свидетельствуют о необходимости проведения реформ для повышения конкурентоспособности отраслей, не связанных с добычей полезных ископаемых, и увеличения добавленной стоимости добывающих отраслей путем перехода к более сложным видам деятельности, которые создают более высокую производительность труда в этих отраслях, а также для развития торговых связей страны, чтобы позволить отраслям, не связанным с добычей полезных ископаемых, быть более конкурентоспособными на мировых рынках.

Полезные ископаемые и металлопродукция составили более 80 % всего экспорта в 2022 г., и за последние два десятилетия концентрация экспортной корзины Казахстана увеличилась (Рисунок 2.10). Казахстан приложил значительные усилия для диверсификации ассортимента экспортируемой продукции, однако это оказало незначительное влияние на общую концентрацию экспорта в стоимостном выражении. Капитальные товары с более высокой добавленной стоимостью, такие как машины и оборудование, составляют очень небольшую долю экспорта страны (около 1 %), но являются самой большой категорией импорта (27,4 %). Другими словами, индустриализация и модернизация Казахстана в значительной степени финансируется за счет доходов от ресурсов.

Рисунок 2.10. Структура торговли: экспортная корзина и партнеры (2010 и 2019 гг.)

С 2000 г. экспортная корзина Казахстана стала более концентрированной, несмотря на то, что страна экспортирует более широкий спектр продукции, в то время как доля ЕС и Китая как экспортных рынков за тот же период значительно выросла.

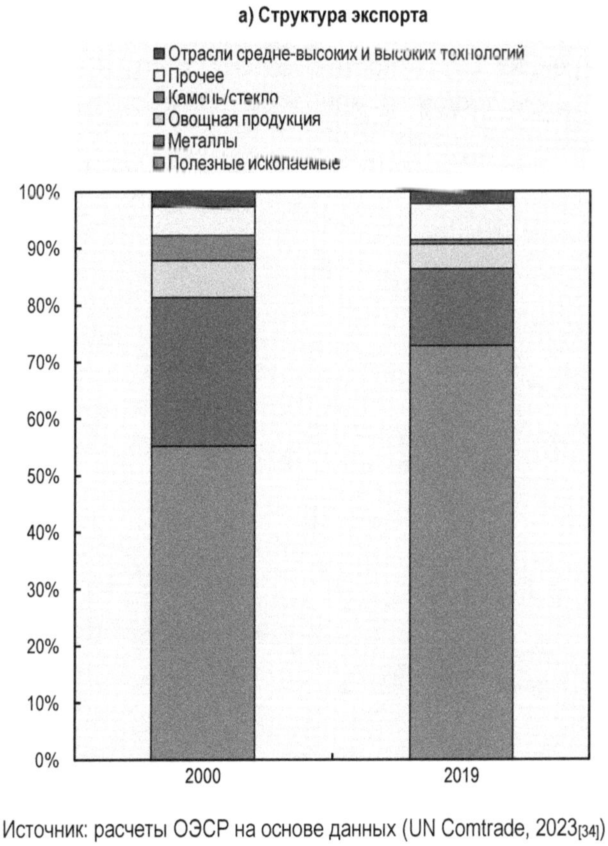

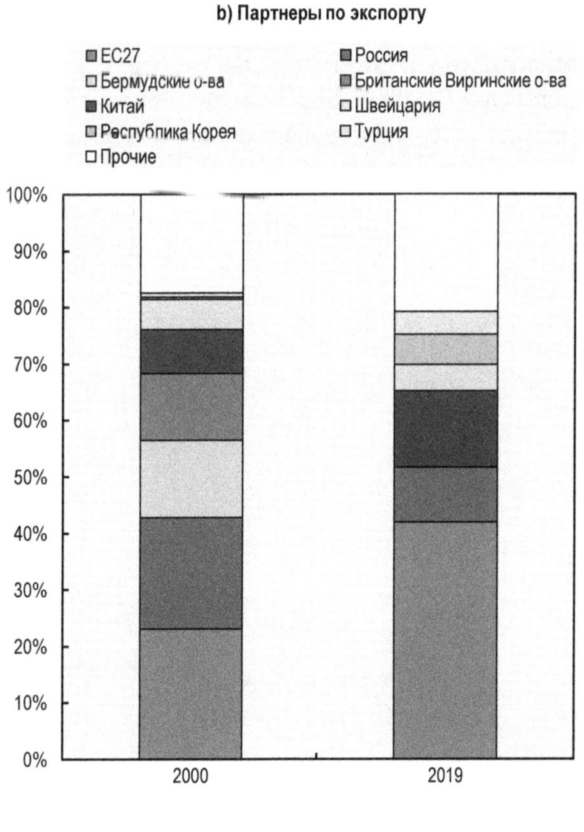

Источник: расчеты ОЭСР на основе данных (UN Comtrade, 2023[34])

В 2019 г. ЕС являлся крупнейшим рынком для казахстанского экспорта, за которым следовали Китай и Россия. В 2019 г. на долю ЕС приходилось 42 % казахстанского экспорта, а на долю Китая – 13,6 %. Хотя с 2000 г. рынок ЕС для Казахстана значительно вырос, в последние годы Казахстан все больше ориентируется на Китай и другие азиатские рынки. Например, экспорт Казахстана в Китай в 2015–2020 гг. вырос на 71,3 %, или на 3,9 млрд долл. США в номинальном выражении; экспорт в Индию за тот же период вырос на 682 %, причем почти полностью за счет экспорта нефти. Экспорт в ЕС за тот же период фактически упал, особенно в три страны ЕС, которые являлись крупнейшими партнерами Казахстана – Италию (17,4 %), Нидерланды (-36,7 %) и Францию (-34 %) (Observatory of Economic Complexity, 2023[16]).

Учитывая ограниченность транспортных связей Казахстана, неудивительно, что его крупнейшие торговые партнеры по товарам с более низким соотношением стоимости и веса находятся в географической близости, в частности, в Центральной Азии. В последние годы Казахстан активно изучает пути диверсификации своих торговых маршрутов, одним из примеров чего является развитие Транскаспийского международного транспортного маршрута. Важность диверсификации международных торговых маршрутов возрастает в связи со значительным объемом торговли Казахстана, проходящей через Россию, и риском введения вторичных санкций (Kenderdine and Bucsky, 2021[35]).

Включение Казахстана в показатели ОЭСР по торговле добавленной стоимостью (TiVA) позволяет более детально рассмотреть взаимодействие между внешним спросом и внутренним производством в Казахстане, а также более глубоко изучить интеграцию страны в глобальные цепочки создания стоимости (ГЧСС), чем это возможно для других экономик Евразии. В 2018 г., последнем году, за который имеются данные TiVA, 36,3 % внутренней добавленной стоимости Казахстана было обусловлено иностранным конечным спросом, хотя на отраслевом уровне наблюдались значительные различия (OECD, 2021[33]). Например, внутренняя добавленная стоимость в горнодобывающей промышленности и разработке карьеров почти полностью определяется иностранным спросом (94,5 %), что является логичным, учитывая объем производства в этой отрасли относительно внутренних потребностей, однако в то же время свидетельствует о рискованной связи между производством в наиболее производительных секторах страны и внешним спросом (Там же).

Рисунок 2.11. Внутренняя добавленная стоимость в иностранном конечном спросе (2018)

Добавленная стоимость во многих ключевых отраслях промышленности определяется иностранным спросом

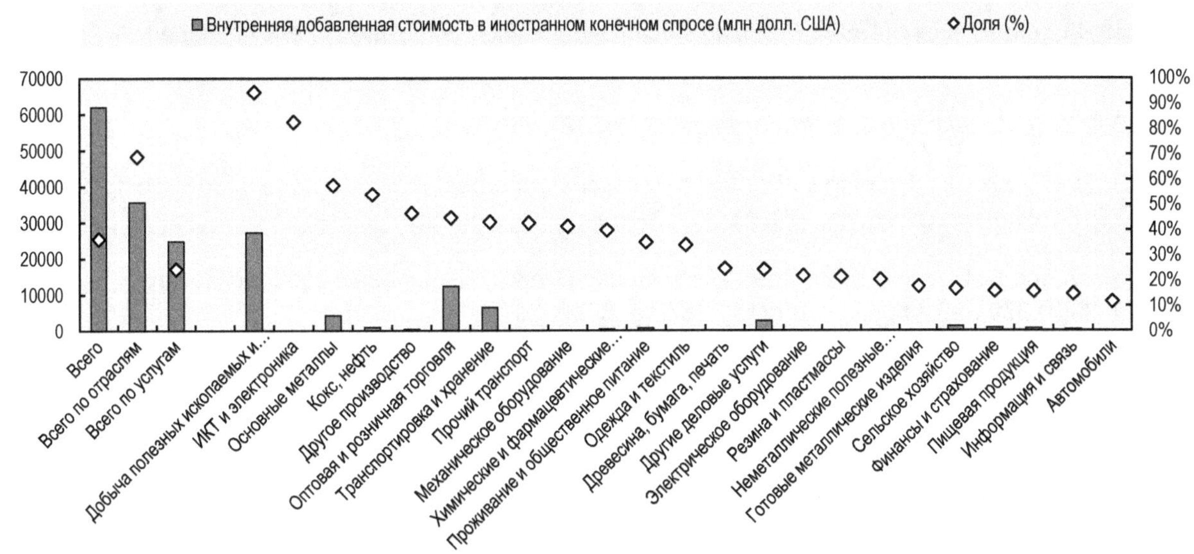

Источник: база данных TiVA ОЭСР Источник: (OECD, 2021[33])

Учитывая низкий уровень более сложного экспорта, роль импорта для экспорта, помимо капитальных товаров, необходимых для добывающего сектора, является ограниченной. Существует ряд секторов, в которых содержание иностранной добавленной стоимости (ИДС) в экспорте – т.е. степень, в которой для производства товара, экспортируемого Казахстаном, были использованы полученные извне ресурсы – ограничено, и их общий вклад в валовой экспорт – например, ИКТ и электроника, резина и пластмассы или текстиль – является низким (Рисунок 2.11). Это имеет ряд последствий для торговли Казахстана: в частности, это означает, что добавленная стоимость экспорта, как правило, создается внутри Казахстана, а не за счет переработанных промежуточных товаров, полученных извне. Более общий вывод, однако, заключается в том, что указанные данные подчеркивают весьма ограниченную степень интеграции Казахстана в ГЧСС – страна имеет небольшое количество отраслей, которые включены в ГЧСС, особенно на более сложных этапах этих ГЧСС, а ее вклад в добавленную стоимость на экспортных рынках осуществляется в основном за счет топлива и других основных товаров.

Список литературы

Amsden, A. (2001), *the rise of "the rest": Challenges to the west from late-industrializing economies*, Oxford University Press, https://doi.org/10.1093/0195139690.001.0001. [29]

Corden, M. and P. Neary (1982), *Booming Sector and De-Industrialisation in a Small Open Economy*, The Economic Journal, No. No. 368, pp. 825-848, https://doi.org/10.2307/2232670. [19]

EBRD (2022), *Kazakhstan Country Strategy 2022-2027*, EBRD. [6]

EBRD (2017), *Kazakhstan diagnostic paper: Assessing progress and challenges in developing a sustainable market economy*, EBRD, https://www.ebrd.com/publications/country-diagnostics. [5]

Frankel, J. and D. Romer (1999), *Does Trade Cause Growth?*, American Economic Review, No. 89(3):379-399, https://doi.org/10.1257/aer.89.3.379. [18]

Ha-Joon (Ed.), C. and R. Rowthorn (Ed.) (1995), *The Role of the State in Economic Change*, Oxford University Press, https://academic.oup.com/book/5167. [30]

Hausmann, R. and D. Rodrik (2003), *Economic Development as Self-Discovery*, Journal of Development Economics, No. 72(2), 602-633, https://growthlab.cid.harvard.edu/files/growthlab/files/2002_econ_development_self_discovery_hausmann_rodrik.pdf. [28]

IEA (2022), *Uzbekistan 2022: Energy Policy Review*, International Energy Agency, Paris, https://iea.blob.core.windows.net/assets/0d00581c-dc3c-466f-b0c8-97d25112a6e0/Uzbekistan2022.pdf. [11]

IEA (2022), *World Energy Outlook*, IEA, Paris, https://iea.blob.core.windows.net/assets/830fe099-5530-48f2-a7c1-11f35d510983/WorldEnergyOutlook2022.pdf. [10]

ILO (2023), *ILOSTAT*, ILO, Geneva, https://ilostat.ilo.org/. [9]

IMF (2023), *World Economic Outlook Database*, IMF, DC, https://www.imf.org/en/Publications/WEO/weo-database/2023/April. [32]

IMF (2022), *Republic of Kazakhstan: 2022 Article IV Consultation*, IMF, DC. [4]

IMF (2021), *State-Owned Enteprises in Middle East, North Africa, and Central Asia: Size, Costs, and Challenges*, IMF, DC, https://doi.org/10.5089/9781513594088.087. [31]

ITF (2019), *Enhancing Connectivity and Freight in Central Asia*, OECD Publishing, Paris, https://www.itf-oecd.org/sites/default/files/docs/connectivity-freight-central-asia_2.pdf. [21]

KASE (2023), *Kazakhstan Stock Exchange: Overview of KASE equity market in February 2023*, KASE, Astana, https://kase.kz/en/. [22]

Kenderdine, T. and P. Bucsky (2021), *Middle Corridor - Poliy Development and Trade Potential of the Trans-Caspian Transport Route*, ADBI Workign Paper Series, No. 1268, ADBI, https://www.adb.org/sites/default/files/publication/705226/adbi-wp1268.pdf. [35]

MacroTrends (2023), *Crude Oil Prices - 70 Year Historical Chart*, MacroTrends, https://www.macrotrends.net/1369/crude-oil-price-history-chart. [7]

National Statistical Office of Kazakhstan (2023), *Об инвестициях в основной капитал в Республике Казахстан (январь-февраль 2023г.)*, National Statistical Office of Kazakhstan, Astana, https://new.stat.gov.kz/ru/industries/business-statistics/stat-invest/publications/5194/. [23]

National Statistics Office of Kazakhstan (2023), *Enterprise Statistics*, National Statistics Office of Kazakhstan, Astana, https://new.stat.gov.kz/ru/industries/business-statistics/stat-org/. [20]

National Statistics Office of Kazakhstan (2023), *Main Indicators*, National Statistics Office of Kazakhstan, https://stat.gov.kz/official/industry/11/statistic/7. [8]

Observatory of Economic Complexity (2023), *Kazakhstan*, OEC, MIT, https://oec.world/en/profile/country/kaz#:~:text=Economic%20Complexity,-%23permalink%20to%20section&text=Kazakhstan%20has%20a%20high%20level,expected%20exports%20in%20each%20product. [16]

OECD (2023), *Air pollution exposure* (indicator), https://doi.org/10.1787/8d9dcc33-en (accessed on 3 May 2023). [14]

OECD (2023), *GERD as a percentage of GDP*, https://www.oecd.org/sti/scoreboard.htm. [24]

OECD (2023), *Green Growth Indicators*, OECD Publishing, Paris, https://stats.oecd.org/Index.aspx?DataSetCode=GREEN_GROWTH. [12]

OECD (2022), *Green Economy Transition in Eastern Europe, the Caucasus and Central Asia: Progress and Ways Forward*, OECD Green Growth Studies, OECD Publishing, Paris, https://www.oecd-ilibrary.org/docserver/c410b82a-en.pdf?expires=1677162424&id=id&accname=ocid84004878&checksum=F2BCEEF95E86BA77A3ACBB7C97571F14. [13]

OECD (2021), *Improving the Legal Environment for Business and Investment in Central Asia*, OECD Publishing, Paris, https://www.oecd.org/eurasia/Improving-LEB-CA-ENG%2020%20April.pdf. [1]

OECD (2021), *Ownership and Governance of State-Owned Enterprises: A Compendium of National Practices 2021*, OECD Publishing, Paris, https://www.oecd.org/corporate/Ownership-and-Governance-of-State-Owned-Enterprises-A-Compendium-of-National-Practices-2021.pdf. [26]

OECD (2021), *Trade in Value Added (TiVA) 2021 ed: Principal Indicators*, OECD Publishing, Paris, https://stats.oecd.org/Index.aspx?DataSetCode=TIVA_2021_C1. [33]

OECD (2020), *OECD Tax Policy Reviews: Kazakhstan 2020*, OECD Publishing, Paris, https://www.oecd-ilibrary.org/docserver/872d016c-en.pdf?expires=1679396564&id=id&accname=ocid84004878&checksum=5537B095685026BCB89BE0C725439AC0. [17]

OECD (2018), *The Regulation of Goods and Services Markets in Kazakhstan: An International Comparison in 2018*, OECD Publishing, Paris, https://www.oecd.org/economy/reform/indicators-of-product-market-regulation/. [27]

UN (2023), *Value added by industries at current prices (ISIC REV. 4)*, United Nations, New York, http://data.un.org/Data.aspx?d=SNA&f=group_code%3A204. [15]

UN Comtrade (2023), *UN Comtrade Database*, UN Comtrade, Geneva, https://comtrade.un.org/. [34]

UNCTAD (2023), *Foreign direct investment: Inward and outward flows and stock, annual*, UNCTAD, Geneva, https://unctadstat.unctad.org/wds/TableViewer/tableView.aspx?ReportId=96740. [25]

UNCTAD (2023), *UNCTATStat*, UNCTAD, Geneva, https://unctadstat.unctad.org/EN/. [3]

World Bank (2023), *World Bank Development Indicators*, World Bank, DC, https://databank.worldbank.org/source/world-development-indicators. [2]

Примечания

[1] При расчете среднего показателя по региону используются показатели Казахстана, Кыргызстана, Таджикистана и Узбекистана, но не используются показатели Туркменистана.

3 Опрос «Оценка делового климата»: методология и результаты

Целью опроса на тему делового климата в Казахстане, проведенного ОЭСР в 2022 г., являлся сбор новых ценных сведений о текущем процессе реформирования, направленного на поддержку частного сектора в стране. Опрос предоставляет ОЭСР, ЕС и правительству Узбекистана дополнительные материалы для анализа эффективности и направления процесса реформ. В этой главе описывается сам опрос, его методология и ряд общих наблюдений, возникших в процессе его проведения.

3.1. Введение

В данном разделе представлено описание опроса «Оценка делового климата» («опрос»), проведенного в Казахстане, и изложены некоторые общие наблюдения, вытекающие из полученных результатов. В разделе 3.2 изложена методология опроса и подробно описан процесс его проведения, а в разделе 3.3 подробно описаны характеристики компаний, попавших в выборку. Далее в разделе 3.4 представлена дополнительная информация о восприятии компаниями текущих экономических тенденций, влиянии COVID-19 и агрессии России против Украины на деловой климат в Казахстане, а также о предполагаемых сильных и слабых сторонах политических мер по поддержке компаний в эти периоды потрясений.

3.2. Методология и проведение опроса

Опрос был небольшим, но содержательным и охватил 27 компаний, работающих в Казахстане, большинство из которых полностью или частично принадлежат компаниям из ЕС. Он предоставил возможность собрать мнения из первых рук на уровне отдельных компаний по вопросам, касающимся делового климата и развития частного сектора в Казахстане. Помимо опрошенных компаний, в опросе также приняли участие четыре торговые или деловые организации из стран ОЭСР, действующие в Казахстане.

Опрос был разработан ОЭСР и проводился при помощи онлайн-платформы среди иностранных предприятий и их представителей в торговых палатах (ТП) или посольствах. Для опроса были отобраны преимущественно европейские предприятия, чтобы выявить вопросы, имеющие особое значение для международных компаний, привлечение которых остается приоритетом для правительства. В данном отчете анализ ответов на вопросы, включенные в опрос, основан на ответах 27 отдельных предприятий и четырех организационных респондентов, если не указано иное.

3.3. Характеристики опрошенных компаний

Характеристики 27 компаний, принявших участие в опросе, были весьма разнообразны (Рисунок 3.1). Большинство компаний-респондентов работают в Казахстане относительно давно, что, возможно, свидетельствует об определенном доверии к деловому климату страны. Половина респондентов работают 20 лет и более; 30 % респондентов работают менее 10 лет, что означает, что значительное число респондентов относительно недавно пришли в страну; 22 % респондентов работают от 11 до 19 лет.

Организационно-правовая форма респондентов также была различной. Почти две трети опрошенных компаний (63 %) находились в 100-процентной собственности резидентов ЕС. Что касается остальных компаний, они принадлежали на 50 % резидентам США и на 50 % резидентам Соединенного Королевства либо резидентам другой юрисдикции или нескольких юрисдикций (22 %). Наибольшая доля респондентов пришлась на Нидерланды (10, или 37 %), за ними следует Германия (4, или 15 %). Значительная часть компаний имела статус ООО (63 %), а остальные компании имели целый ряд различных юридических статусов, включая представительства (16 %) или ОАО (7 %).

Респонденты представляли самые разные отрасли, но две из них были представлены несколько шире: машины и оборудование (8/30 %) и сельское хозяйство (5/19 %). Другие сектора, такие как горнодобывающая промышленность, нефть и газ, ИКТ, оптовая и розничная торговля, были представлены почти равномерно, но с более низкими долями.

Рисунок 3.1. Статистические данные компаний-респондентов

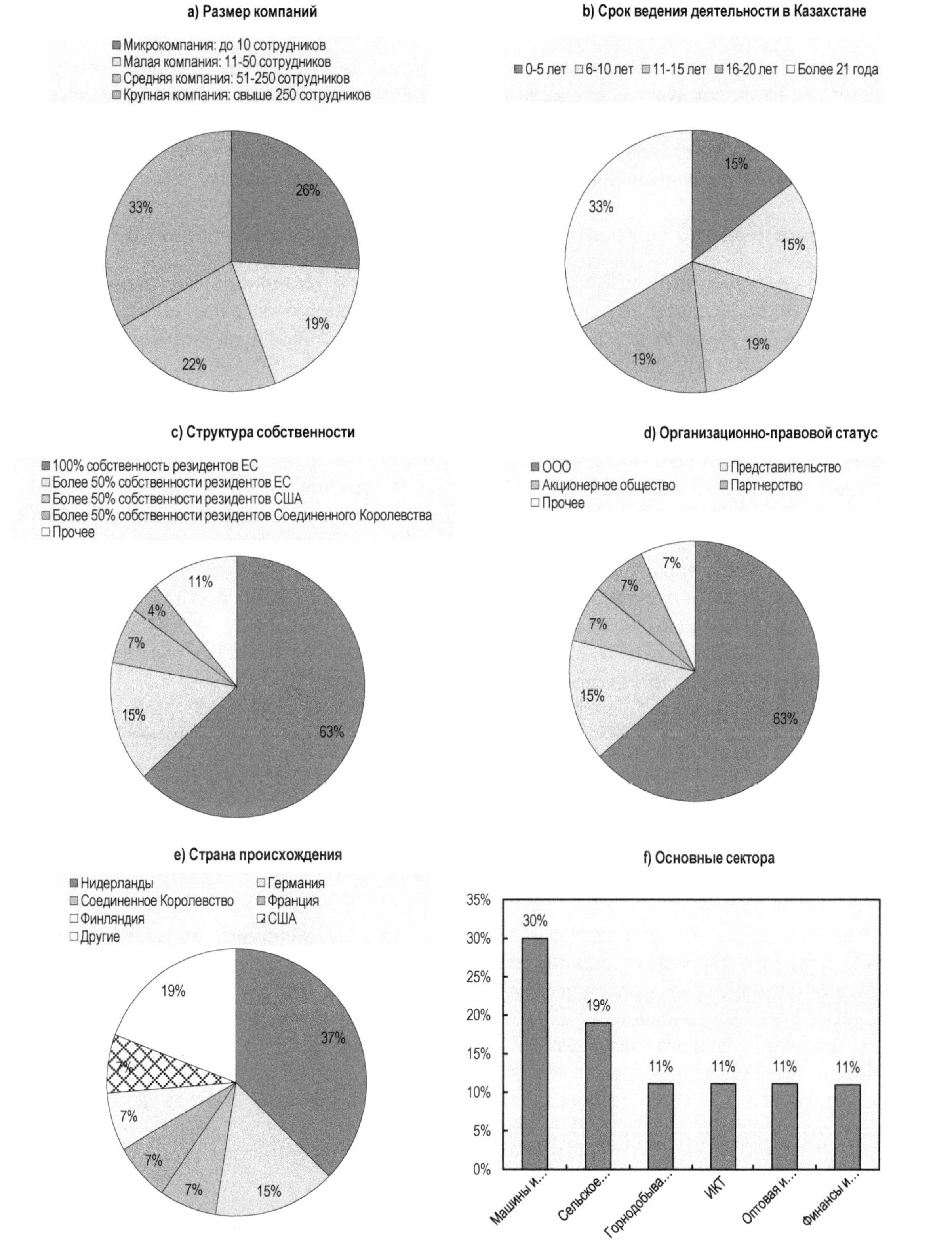

Примечание: в процентах от общего количества компаний. Основные сектора не дают 100 %, поскольку респонденты могли выбрать несколько вариантов ответа.

Источник: опрос ЕС-ОЭСР «Оценка делового климата в Казахстане» (2022)

3.4. Общие наблюдения касательно экономических показателей в Казахстане и недавно принятых мерах по поддержке

В данном разделе отчета представлены основные выводы из пяти разделов опроса: восприятие компаниями общей экономической ситуации в Казахстане, поддержки со стороны государства во время пандемии COVID-19, влияния военной агрессии России против Украины на европейское бизнес-сообщество в стране, мер правительства по смягчению давления на бизнес-сообщество, возникающего в связи с военными действиями, и текущего процесса реформ.

3.4.1. Об экономической ситуации в контексте COVID-19 и агрессии России

Большинство респондентов (58 %) оценили состояние национальной экономики как удовлетворительное. Однако ни одна из компаний не оценила его как сильное, а 42 % заявили, что оно является слабым. Респонденты более позитивно оценивали деятельность сектора, в котором они работают, или деятельность своей компании (лишь 16 % оценили оба пункта как слабые).

Компании сохранили позитивный настрой в отношении своего бизнеса в условиях, сложившихся после принятия пандемии COVID. Почти половина респондентов (48 %) сообщили, что ожидают увеличения прибыли в 2022 г., а 39 % сообщили, что ожидают сохранения стабильности показателей деятельности компании. Лишь 10 % ожидали снижения прибыли в 2022 г. Лишь 3 % (включая торговые ассоциации и посольства, представляющие несколько компаний) ожидали, что товарооборот (внутренний и международный) снизится, в то время как 23 % респондентов ожидали увеличения международного товарооборота, а 42 % – увеличения внутреннего (оптового и розничного) товарооборота.

3.4.2. Поддержка делового сектора в период пандемии COVID-19

Вспышка COVID-19 создала значительные проблемы для бизнес-сообщества в Казахстане, как и во всей Центральной Азии и регионе ОЭСР. Эти вызовы также породили новые ожидания от правительства, которое было призвано обеспечить выживание жизнеспособных предприятий и предотвратить их уход с рынка. Разработка и реализация практических мер в указанных целях требовала высокой степени оперативности от лиц, ответственных за разработку политики: им необходимо было принимать быстрые и эффективные решения в условиях повышенной неопределенности и бюджетных ограничений.

Власти Казахстана принимали различные меры для защиты экономики во время пандемии, включая выдачу гарантированных государством кредитов, отсрочки по уплате налогов и прямую компенсацию определенных расходов компаний. Поддержка, предлагаемая правительством бизнес-сообществу, была аналогична той, что предлагалась в странах ОЭСР, хотя и имела другой масштаб. Эти меры широко обсуждались в ряде отчетов ОЭСР в 2020–2021 гг., и опрос предоставил возможность увидеть, как европейские компании оценивают эффективность государственной политики по стабилизации и поддержке частного сектора в этот период значительных потрясений (OECD, 2020[1]) (OECD, 2021[2]).

Рисунок 3.2. Эффективность мер правительства против пандемии COVID-19 по мнению респондентов

Примечание: в процентах от общего количества респондентов.
Источник: опрос ЕС-ОЭСР «Оценка делового климата в Казахстане» (2022)

Среди респондентов наиболее популярной мерой, принятой правительством, была отсрочка НДС и других налоговых платежей (ее одобрили 23 % компаний). Прямые субсидии на оплату труда посчитали полезными 16 % респондентов, и столько же посчитали полезной возможность получать денежные выплаты для покрытия неотложных постоянных расходов. Однако, возможно, наиболее поразительным является то, что 45 % опрошенных компаний не считают полезными ни одну из принятых правительством мер, упоминавшихся в опросе, что говорит либо о том, что указанные меры были направлены на те области, где потребности бизнеса были менее актуальны, либо о том, что принятые меры не были достаточно масштабными, либо о том, что иностранные компании не были их целевыми адресатами.

3.4.3. Воздействие военной агрессии России на европейские компании в Казахстане

Война России против Украины стала еще одним значительным потрясением для делового сообщества Казахстана, как для его внутренних, так и для международных компаний, оказавшим воздействие по тем же каналам, что и во многих странах ОЭСР: нарушение цепочки поставок, рост цен на первичные и промежуточные товары, инфляция и ужесточение в мировой финансовой системе, повлиявшее на стоимость международных и местных займов. Кроме того, эти каналы воздействия накладывались на местные условия, характерные для региона: особенно большое значение России как торгового партнера и экспортного маршрута для экономик Центральной Азии, взаимосвязь банковских систем Центральной Азии с российской, непосредственное влияние низкоквалифицированных и высококвалифицированных иммигрантов из России, возможность влияния стагнации российской экономики на уровень денежных переводов и влияние потрясений в российской экономике на местные обменные курсы. Для Казахстана, где подавляющая часть экспорта углеводородов идет транзитом через Россию, нарушение торговых маршрутов через Россию стали особенно важной проблемой, и возможность дальнейшего нарушения этих маршрутов остается значительным источником неопределенности по мере продолжения войны.

Опрос показывает, что одна из основных проблем, с которой пришлось столкнуться бизнесу на начальном этапе, была связана с волатильностью тенге и нестабильностью валютного рынка.

Около 58 % респондентов оценили влияние этих событий как серьезное для их деятельности, а еще 29 % заявили, что они оказали некоторое влияние на их деятельность. Опасения компаний по поводу волатильности валютных курсов отражают давнюю проблему делового климата в Казахстане, где макроэкономическая неопределенность может подорвать доверие бизнеса и затруднить принятие обязательств по инвестированию в страну.

Деятельности компаний также угрожали проблемы, связанные с цепочками поставок. Около 52 % респондентов заявили, что сбои в работе из-за логистических проблем серьезно влияют на их деятельность, а 45 % заявили, что это оказывает некоторое влияние. Кроме того, 48 % компаний заявили, что сбои в цепочках поставок из-за дефицита серьезно повлияли на их деятельность, а еще 35 % заявили, что это оказало некоторое влияние. Наконец, 48 % респондентов заявили, что осложнения, вызванные отключением России от платежной системы SWIFT, серьезно повлияли на их бизнес, а еще 23 % заявили, что это оказало некоторое влияние. Это свидетельствует о значительной степени интеграции международных компаний в Центральной Азии с российской экономикой. Однако, в то время как отключение России от системы SWIFT оказало серьезное влияние на половину респондентов, 26 % не ощутили никакого влияния.

Рисунок 3.3. Реакции компаний на военную агрессию России и оценка правительственных мер

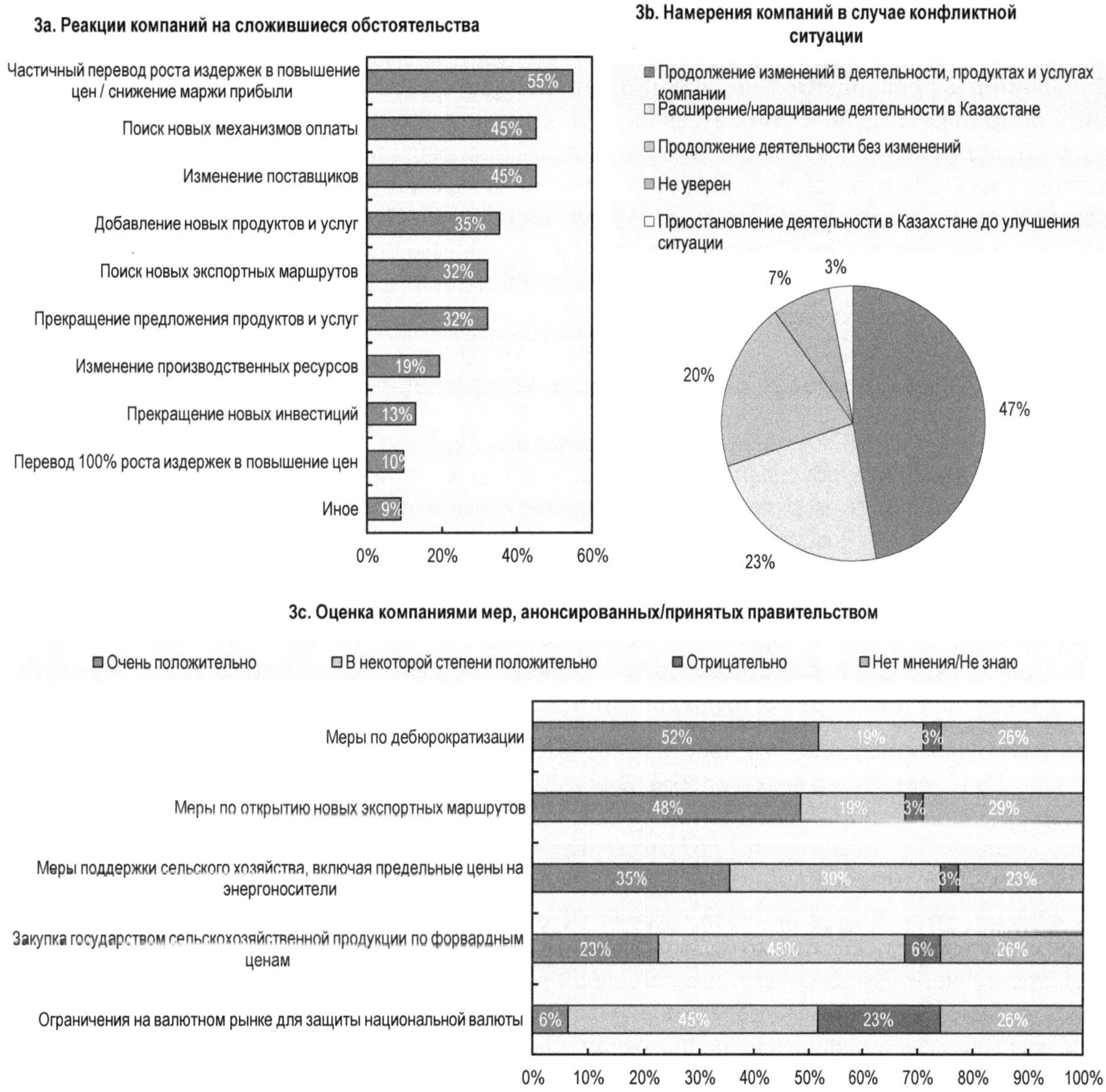

Источник: опрос ЕС-ОЭСР «Оценка делового климата в Казахстане» (2022)

Возросли затраты на сырьевые материалы, такие как энергоносители, а также другие промежуточные затраты. Подавляющее большинство респондентов заявили, что на них отрицательно повлиял рост цен на сырьевые товары (84 %), цен на энергоносители (81 %), а также цен на несырьевые товары (77 %). Другими словами, повышение цен не затронуло лишь меньшинство компаний (менее 16 % по каждой категории).

Участники опроса наметили ряд возможных ответов на вызовы, с которыми столкнулось бизнес-сообщество Казахстана в связи с военной агрессией России против Украины. Большинство респондентов продемонстрировали гибкость в решении указанных проблем: 55 % заявили, что частично переведут рост издержек в повышение цен и снизят маржу прибыли, 45 % ответили, что сменят поставщиков, а 45 % – что найдут новые механизмы оплаты. Треть компаний указали, что кризис побудит их к инновациям: 35 % ответили, что планируют предложить новые продукты или услуги. В то же время 32 % респондентов предпочли бы прекратить предложение некоторых продуктов и услуг, а еще 32 % ответили, что найдут новые пути экспорта. Лишь небольшое число респондентов заявили о намерении изменить производственные ресурсы (19 %), и еще меньше – прекратить инвестиции (13 %) или перевести 100 % роста издержек (10 %).

Большинство респондентов не планировали покидать казахстанский рынок, независимо от того, продолжится война или нет. Лишь 3 % сообщили, что приостановят свою деятельность в стране до улучшения ситуации, в то время как 47 % сообщили, что будут корректировать свою деятельность в зависимости от развития событий, а еще 23 % заявили, что будут продолжать действовать в соответствии с текущим курсом, даже если война затянется (Рисунок 3.3 b). Еще 20 % респондентов заявили, что они расширят свою деятельность в стране в случае продолжения войны, однако неясно, связано ли это с войной или просто с продолжением реализации ранее существовавших планов расширения.

3.4.4. Поддержка делового сектора после вторжения России в Украину

Интерпретация мнений компаний о мерах, принятых властями Казахстана в поддержку бизнес-сектора, должна быть обусловлена тем, что, в отличие от преимущественно ретроспективной оценки эффективности мер по поддержке предприятий в период пандемии COVID-19, каналы воздействия агрессии России против Украины на предприятия в Украине все еще определяются, и полные последствия остаются неясными. Решение проблем компаний в Казахстане, возникших в результате войны с Россией, потребует от правительства проявить такую же гибкость и креативность, как и во время пандемии COVID-19, но области политики, требующие вмешательства, будут порой совсем другими (например, меры по смягчению сбоев в банковском секторе или политика на рынке труда для интеграции недавно прибывших работников).

Примечательно, что примерно четверть респондентов не знают или не выразили своего мнения по каждой из мер, перечисленных в опросе. В остальном, наибольшую поддержку получили меры по дебюрократизации (52 % оценили их очень положительно, а 19 % – в некоторой степени положительно), а также меры по открытию новых экспортных маршрутов (48 % – очень положительно и 10 % – в некоторой степени положительно). Большинством респондентов также были поддержаны две другие меры: поддержка сельского хозяйства, включая ограничение цен на энергоносители (35 % – очень положительно и 39 % – в некоторой степени положительно), и государственная закупка сельскохозяйственной продукции по форвардным ценам (23 % – очень положительно и 45 % – в некоторой степени положительно). Последняя из перечисленных в опросе мер, касающаяся ограничений на валютном рынке для защиты национальной валюты, была решительно одобрена только 6 % респондентов, а 45 % высказались о ней в той или иной степени положительно. Другая половина респондентов высказалась либо неблагоприятно (23 %), либо не знает/не имеет мнения (26 %).

Лишь 43 % респондентов считают, что меры, принятые правительством для облегчения давления на бизнес-сектор, вызванного войной, были удовлетворительными. По мнению остальных 57 %, следует рассмотреть другие меры, связанные с налоговой системой, банковской и финансовой системой и торговой политикой. Большинство мер, предложенных респондентами, не всегда являются реакцией на войну в Украине, а скорее носят структурный характер, отражая более широкую озабоченность по поводу делового климата и рамочных условий для деятельности компаний. Если желание более эффективного регулирования валюты или развитие новых транспортных маршрутов (в Европейский Союз, на Ближний Восток или в Китай) можно рассматривать как реакцию на войну в Украине, то развитие торговли через новые экспортные маршруты не ограничивается только подобными периодами, но также может помочь диверсифицировать и укрепить экономику Казахстана в долгосрочной перспективе. Более того, вопросы, связанные с налоговым давлением и стабильностью налоговой системы, или желание иметь более легкий доступ к финансированию – это меры, связанные с давними проблемами в деловом климате страны. Эти вопросы уже активно обсуждались в работах ОЭСР по деловому климату в Казахстане и Центральной Азии в целом (OECD, 2021[3]).

Призывы некоторых респондентов расширить доступ к нероссийским товарам при помощи новых торговых маршрутов отражают важность российского рынка для компаний в Казахстане в отношении как готовых, так и промежуточных товаров. Неспособность использовать российских поставщиков, будь то из-за санкций или других логистических трудностей, неизменно сказывается на компаниях Казахстана, но это не будет являться проблемой для местного делового климата, если местные компании не будут сталкиваться с барьерами для закупки товаров на других рынках, связанными с экономической политикой страны. Тем не менее это отражает важность таких вопросов как инфраструктура и содействие торговле как факторов, способствующих развитию местного частного сектора. В то же время призывы респондентов к устранению серого импорта свидетельствуют о непоследовательном применении таможенных процедур, что может несправедливо повлиять на европейские компании в стране.

Список литературы

OECD (2021), *Beyond COVID-19: Prospects for Economic Recovery in Central Asia*, OECD Publishing, Paris, https://www.oecd.org/eurasia/Beyond_COVID%2019_Central%20Asia.pdf. [2]

OECD (2021), *Improving the Legal Environment for Business and Investment in Central Asia*, OECD Publishing, Paris, https://www.oecd.org/eurasia/Improving-LEB-CA-ENG%2020%20April.pdf. [3]

OECD (2020), *COVID-19 Crisis Response in Central Asia*, OECD Publishing, Paris, https://read.oecd-ilibrary.org/view/?ref=129_129634-ujyjsqu30i&title=COVID-19-crisis-response-in-central-asia. [1]

4 Устранение пробелов в области инфраструктуры и навыков для цифровизации частного сектора

Усилия правительства по улучшению цифровой инфраструктуры и цифровизации предоставления государственных услуг были положительно восприняты респондентами опроса. В последние годы правительство добилось значительного прогресса в этих областях, и цифровизация остается краеугольным камнем его амбиций по развитию экономической конкурентоспособности, повышению производительности и стимулированию инноваций. Однако, несмотря на улучшение предложения цифровых услуг и инфраструктуры, распространение цифровых инструментов и процессов на уровне компаний остается ограниченным. В этой главе освещаются достижения правительства в содействии переходу на цифровые технологии, в частности, успехи в области электронного правительства и предоставления цифровых государственных услуг, а также ряд проблем, связанных с инфраструктурой и навыками для цифровой трансформации.

4.1. Обзор и выводы, полученные в ходе опроса

Цифровая трансформация может оказать глубокое воздействие на развитие частного сектора (OECD, 2021[1]). Цифровизация может открыть новые возможности для организации деятельности компаний и производства, а также для управления важнейшими государственными услугами, в то время как постоянно растущая ценность данных как экономического ресурса расширяет границы инноваций как в государственном, так и в частном секторах. В то же время, поскольку вклад цифровых технологий и услуг продолжает увеличивать свою долю в добавленной стоимости как в обрабатывающей промышленности, так и в сфере услуг, для обеспечения конкурентоспособности, инклюзивности и равенства большое значение будет иметь то, кто обладает навыками и возможностями для использования преимуществ цифровизации, а также то, где эти навыки и компетенции будут сконцентрированы.

Многие респонденты опроса подчеркнули свой энтузиазм в отношении цифровых возможностей в Казахстане, но также выразили и разочарование тем, как неразвитые рамочные условия мешают им максимально использовать эти возможности. Это важное и позитивное наблюдение – опрошенные компании сохраняют свою преданность казахстанскому рынку, но считают, что могут добиться большего, если правительство будет более чутко реагировать на их потребности в отношении инфраструктуры и возможностей подключения. Около 80 % респондентов считают, что цифровизация открывает возможности для их бизнеса в Казахстане (40 % – значительные возможности, 40 % – некоторые возможности).

Хотя только 7 % респондентов сообщили, что их компании полностью перешли на цифровые технологии, подавляющее большинство компаний сообщили, что внедрили лишь некоторые цифровые процессы. Более половины (54 %) респондентов сообщили, что более 75 % внутренних процессов в настоящее время имеют тот или иной цифровой компонент, а еще 39 % сообщили, что 50–75 % внутренних процессов в настоящее время имеют цифровой компонент. Эти цифры свидетельствуют о достаточно высоком уровне распространения цифровых технологий среди европейских компаний в Казахстане, хотя для того, чтобы определить, является ли такой уровень репрезентативным по всей стране, необходимо провести сравнение с местным бизнес-сообществом при большем размере выборки.

Значительное число респондентов продемонстрировали продвинутый уровень цифровой зрелости. Например, примерно 89% респондентов сообщили, что они используют передовые инструменты, такие как программное обеспечение для управления взаимоотношениями с клиентами (CRM) или некоторые формы анализа данных, что говорит об относительно высоком уровне цифровой зрелости европейских компаний, работающих в Казахстане. Доля компаний, использующих облачные решения для обработки данных (67 %) и цифровые коммуникации (70 %), еще больше подчеркивает цифровизацию опрошенных компаний.

Основным препятствием для дальнейшего внедрения и использования цифровых технологий опрошенными компаниями, по-видимому, является инфраструктура. Большинство (61 %) респондентов подчеркнули важность повышения скорости и качества интернета для цифровизации, 52 % – необходимость улучшения условий, предоставляемых интернет-провайдерами клиентам, и почти половина (48 %) – необходимость повышения безопасности данных. Другие вопросы касались необходимости развития систем онлайн-платежей (32 %), повышения цифровых навыков и квалификации рабочей силы (23 %) и улучшения качества нормативно-правовой базы для онлайн-торговли (29 %).

Для того чтобы частный сектор – и общество в целом – могли максимально использовать возможности цифровой трансформации, требуется целый ряд различных мер в области политики. Во-первых, компании могут вводить цифровые технологии в свою деятельность – например, путем внедрения ИТ-решений, будь то простых или сложных, для повышения производительности – только при наличии базовой цифровой и коммуникационной инфраструктуры. Это означает наличие доступа к высококачественному стационарному и мобильному интернету, доступ к оборудованию и программному обеспечению ИКТ, а также наличие более сложных форм цифровой инфраструктуры, таких как облачные вычисления. Это также означает наличие доступа к навыкам и знаниям, необходимым для применения цифровых технологий и генерации благодаря им новых идей и инноваций. И, что важно, это означает наличие доступа к капиталу, необходимому для инвестирования в вышеперечисленное, и нормативно-правовой среды, способствующей цифровизации, а не сдерживающей ее.

Со стороны предложения проблемы инфраструктуры могут быть связаны с вопросами конкуренции в ключевых сетевых секторах экономики, необходимых для развития современной, цифровой и подключенной экономики. Что касается спроса, то давние проблемы с доступом к финансированию могут затруднить для компаний инвестирование в цифровые технологии и нематериальный капитал, необходимый для их максимального использования. Правительство Казахстана заявило о своем стремлении к цифровой трансформации экономики страны, стратегические цели которой закреплены в проекте Национальной стратегии развития, а также в стратегиях, ориентированных на цифровые технологии, таких как программа «Цифровой Казахстан» на 2018–2022 гг. (OECD, 2023[2]).

Эта глава основывается на исследовании на тему рамочных условий для частного сектора Казахстана, проведенном ОЭСР в 2023 г (OECD, 2023[3]). Результаты опроса дополняют ряд выводов, сделанных в ходе данной работы, таких как спрос со стороны частного сектора на улучшение инфраструктуры связи и необходимость большей ясности в нормативно-правовом регулировании, чтобы компании могли максимально использовать возможности, предоставляемые цифровой трансформацией. Выводы для экономической политики, вытекающие из этих проблем, относятся к более сквозным вопросам конкуренции в телекоммуникационном секторе, доступа к финансированию для цифровых и других нематериальных инвестиций, а также качества и упрощения регулирования.

В этой главе представлен обзор последних событий в области цифровизации частного сектора в Казахстане и отмечаются особые улучшения в области цифрового предоставления государственных услуг. Далее в ней рассматриваются две области, которые были определены в ходе опроса как проблемные для цифровизации на уровне компании. Во-первых, рамочные условия для цифровизации частного сектора. Во-вторых, проблемы, связанные с навыками для внедрения цифровых инструментов на уровне компаний, описанные в недавней работе ОЭСР в этой области (OECD, 2023[4]).

4.2. Цифровизация государства: главный успех в цифровой повестке Казахстана

С момента запуска первой крупной цифровой стратегии «Информационный Казахстан – 2020» в 2013 г. правительство сделало цифровизацию приоритетным направлением своей политики и важной частью программы диверсификации (Government of Kazakhstan, 2017[5]). Эта первая цифровая стратегия была направлена на развитие инфраструктуры ИКТ и систем государственного управления в онлайн-режиме в целях упрощения коммерческой деятельности (egov.kz, 2021[6]) и принесла свои плоды в деле повышения доступности цифровой связи по всей стране. В 2018 г. правительством была разработана ее преемница – пятилетняя инициатива «Цифровой Казахстан», направленная на расширение использования цифровых инструментов частным сектором для поддержки экономического роста посредством реализации целевых программ в сельском хозяйстве, энергетике, транспорте и электронной коммерции до 2022 г. (OECD, 2023[2]) (Digital Kazakhstan, 2022[7]). В рамках этой инициативы также были разработаны дополнительные подпрограммы, направленные на внедрение цифровых инноваций (запуск международного технопарка Astana Hub в 2018 году) и развитие кибербезопасности («Киберщит Казахстана»). В начале 2022 года правительство запустило реализацию концепции «Цифровой образ жизни» (DigitEL) — своей третьей пятилетней программы цифровизации, в рамках которой основное внимание уделяется качественному и безопасному интернету, использованию ИКТ-компаний в качестве рычага роста и дальнейшей цифровизации сектора услуг (Republic of Kazakhstan, 2022[8]). Цели DigitEL включают достижение пятипроцентной доли ИКТ в ВВП на фоне 4 % в 2020 году, а разработанная стратегия предполагает более активное участие частного сектора, поскольку более 70 % финансирования программы должно поступить из частных инвестиций.

Одной из областей, где правительство добилось больших успехов в реализации программы цифровизации, является электронное правительство и цифровое предоставление государственных услуг. Качественные цифровые государственные услуги важны для повышения эффективности взаимодействия с государственными органами в любой стране, но это особенно актуально для такой страны, как Казахстан, где низкая плотность населения и высокая степень административной централизации могут значительно повысить затраты и время на получение государственных услуг. Стратегия «Цифровой Казахстан», которая ставила задачу предоставления 100% государственных услуг в режиме онлайн, до истечения срока ее действия определяла повестку дня в области электронного правительства страны. Как показывают результаты опроса о качестве предоставления таких услуг как лицензирование и выдача разрешений предприятиям, эти реформы, похоже, приносят свои плоды.

В 2022 г. Казахстан поднялся на 28-е место в Индексе развития электронного правительства ООН, опередив ряд стран ОЭСР (United Nations, 2022[9]). Высокие показатели страны отражают ряд важных, а порой и сложных реформ. Казахстан признал необходимость централизации предоставления государственных услуг на единой платформе, но при этом воспользовался возможностью создания смежных платформ и услуг, таких как совместимый API и разрешение доступа к государственным данным частным партнерам (например, в банковском секторе) для усовершенствования услуг, ранее предоставлявшихся только в аналоговом формате, и обеспечения использования процесса оцифровки как момента для всесторонней модернизации предоставления услуг.

Казахстан все чаще применяет анализ данных для улучшения процесса разработки мер экономической политики, особенно в том, что касается улучшения качества и охвата сетей цифровой инфраструктуры. Например, в рамках НЦС были созданы платформы для сбора сообщений от граждан в качестве инструмента мониторинга соблюдения минимальных требований к скорости интернета, предъявляемых к операторам в отдаленных сельских районах и небольших городах (Government of Kazakhstan, 2017[5]). Эта онлайн-платформа собирает жалобы на качество интернета и связана с Межведомственной комиссией по радиочастотам и местными государственными органами связи. Она проверяет качество связи и штрафует операторов, если оно падает ниже минимального порога.[1] Интервью, проведенные ОЭСР, показывают, что такая система позволила улучшить качество интернет-соединения, особенно в районах Казахстана. МИИР с 2020 г. ведет ежемесячный диалог между государственным и частным секторами (ДГЧС) с участием Совета операторов, в ходе которого владельцы основной телекоммуникационной инфраструктуры и вышек, а также крупные бизнес-ассоциации обсуждают узкие места и проблемы инфраструктуры. Однако ни региональные органы власти, ни мелкие операторы «последней мили» не участвуют в таких встречах, что ограничивает их эффективность в объединении усилий соответствующих участников — национальных и местных операторов, региональных властей и частного сектора — для решения вопросов, нередко носящих узко локальный характер.

Кроме того, одной из основных целей DigitEL является развитие к 2025 г. госуправления, основанного на данных. Эта инициатива со стороны «внимательного и эффективного государства» направлена на организацию единого процесса сбора данных для обоснования решений в области экономической политики, включая отзывы пользователей о государственных услугах, и, что более важно, автоматического сбора и обработки данных, имеющих значение для разработки экономической политики. Однако в своем нынешнем виде данная инициатива нацелена исключительно на промышленные данные, мониторингом которых должен заняться комитет государственных доходов (Government of Kazakhstan, 2021[10]). Если эта инициатива окажется эффективной, в ближайшие годы она может быть расширена на новые сектора, где в результате послужит важным инструментом для сбора данных о потребностях предприятий в цифровых технологиях и их использовании.

4.3. Пробелы в области инфраструктуры и инвестиций остаются препятствием для цифровизации частного сектора

Темпы и глубина цифровизации в Казахстане, как и в любой стране, определяются рядом важных рамочных условий, связанных с инфраструктурой и распространением цифровых технологий. Именно недостаточное развитие этих рамочных условий респонденты опроса назвали основным препятствием на пути цифровизации в стране.

В Казахстане сохраняется жесткое регулирование сектора телекоммуникаций и существенные проблемы, связанные с конкуренцией, что может повлиять на инвестиции и качество инфраструктуры связи, замедляя темпы цифровизации. Правительство предприняло усилия по либерализации сектора, в частности, после вступления в ВТО в 2015 г., отменив монополию на предоставление услуг 4G в секторе телекоммуникаций (OECD, 2023[3]). До этого момента право на предоставление услуг 4G имела только «Алтел», дочерняя компания «Казахтелеком». С начала 2017 г. всем трем операторам мобильной связи разрешено получать лицензии на использование существующих и новых частот 4Gs (Samruk Kazyna, 2016[11]). В марте 2021 года был приватизирован оператор фиксированной широкополосной связи «Транстелеком», бывшая дочерняя компания государственной железнодорожной компании. Это стало результатом многоэтапного процесса, стартовавшего еще в 2014 году, когда компания была включена в список стратегических активов для приватизации, после чего, в 2015 году, было продано 49 % ее акций, а затем, в 2018 году, последовала вторая продажа (26 %) (Government of Kazakhstan, 2014[12]; Kazinform, 2015[13]).

В 2023 г., признавая важную роль малых операторов в преодолении разрыва в доступе к цифровой связи на «последней миле», ОЭСР рекомендовала правительству предпринять шаги по демонополизации этого сегмента рынка предоставления интернет-доступа (OECD, 2023[3]). Это должно позволить мелким операторам выйти на рынок мобильной связи, однако вопрос о том, направлено ли это на развитие сквозной конкуренции в инфраструктуре или на обеспечение ее совместного использования, до сих пор остается открытым. В первом случае разные операторы – как новые, так и действующие – будут конкурировать в рамках своих сетей, тогда как во втором мелкие операторы будут использовать инфраструктуру действующих участников рынка для обслуживания сегментов рынка за пределами существующей сети, т. е. преимущественно в сельской местности и небольших городах.

В рамках этой реформы правительство объявило, что в 2022 г. «Казахтелеком» продаст одного из своих двух операторов мобильной связи, в результате чего к концу года на рынке мобильной связи будет практически три независимых оператора (Government of Kazakhstan, 2022[14]). Кроме того, в начале 2022 г. правительство учредило специальную Комиссию по демонополизации экономики, основной целью которой является рассмотрение действующего законодательства, применимого к телекоммуникационному сектору, и внесение поправок в него. В состав Комиссии вошли представители Министерства индустрии и инфраструктурного развития и

Министерства юстиции, соответствующих государственных учреждений, таких как Агентство по защите и развитию конкуренции, а также представители частного сектора. Однако о достигнутых результатах пока не сообщается, и неясно, приведет ли деятельность Комиссии к частичной приватизации операторов мобильной связи «Казахтелеком».

Тем не менее с начала 2000-х годов правительство добилось значительных успехов в развитии и модернизации инфраструктуры связи, обеспечив недорогой и качественный доступ к интернету в большинстве городских центров Казахстана. Говоря о доступе, стоит отметить, что по крайней мере с 2015 года мобильные сети покрывают практически всю территорию страны, при этом процент населения, охваченного сетями стандарта 2G или выше, достиг 98 в 2019 году, тогда как показатели доступа к широкополосному интернету остаются более скромными (ITU, 2022[15]). Интернет стал доступным в финансовом плане по всей стране, при этом стоимость пакетов фиксированного и мобильного интернета в последние годы снизилась: в настоящее время она значительно ниже целевого показателя ЮНЕСКО, составляющего 2 % от валового национального дохода (ВНД) на душу населения. В 2020 г. стоимость пакетов фиксированного интернета составила 0,85 % ВНД на душу населения по сравнению со средним показателем 2,3 % для Содружества Независимых Государств (СНГ) (Рисунок 4.1), в то время как стоимость пакетов мобильного интернета является одной из самых низких в мире и составляет 0,33 % ВНД на душу населения по сравнению с 1,0 % в странах СНГ и 2,6 % в мире (ITU, 2022[15]; ITU, 2021[16]; Cable, 2022[17]).

Рисунок 4.1. Стоимость фиксированной широкополосной связи как процент от ВНД (2021)

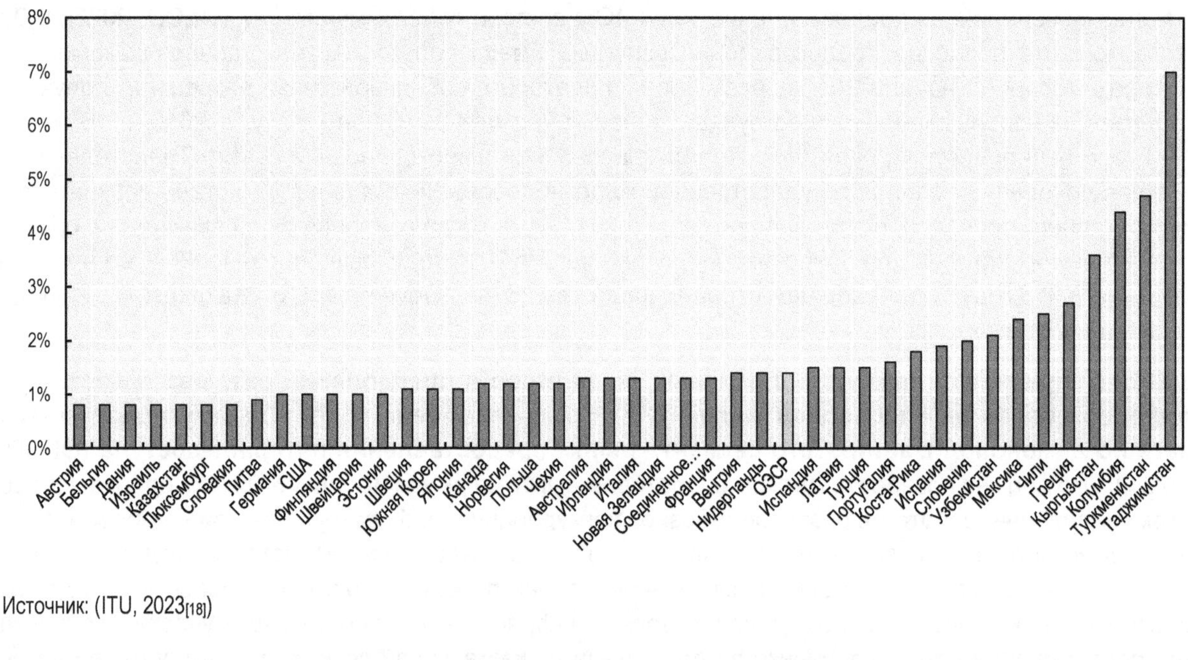

Источник: (ITU, 2023[18])

Кроме того, улучшилось качество сети. Около трех четвертей населения были охвачены интернетом стандарта 4G, а скорость приема и передачи данных по широкополосным линиям с 2017 г. выросла в среднем вдвое (EIU, 2022[19]). Доступность цифровой связи в Казахстане в целом стала выше, что привело к значительному сокращению разрыва между сельскими и городскими районами[2]: 89 % сельского и 91 % городского населения в 2019 году имеют доступ к широкополосным сетям (ITU, 2022[20]).

Фиксированный интернет является ключевым фактором цифровизации МСП, однако развертывание широкополосного подключения в Казахстане остается ограниченным по

сравнению со странами – членами ОЭСР. Число абонентов широкополосной связи в расчете на 100 домохозяйств выросло лишь незначительно: с 13,1 в 2015 году до 13,8 в 2021 году по сравнению с 33 в среднем в странах с высоким уровнем дохода (ITU, 2022[20]; OECD, n.d.[21]). Несмотря на то что данные конкретно о малых предприятиях отсутствуют, стоит подчеркнуть, что лишь 7,8 % средних и крупных предприятий сообщили о наличии доступа к фиксированному широкополосному интернету в 2020 г. (Рисунок 4.2), а в рамках последнего Обследования состояния деловой среды, проведенного Всемирным банком, лишь 48 % малых предприятий отметили наличие собственного веб-сайта, тогда как среди крупных компаний этот показатель достиг почти 90 % (World Bank, 2021[22]). Доступ к фиксированному широкополосному интернету сильно различается по регионам: от 4,3 % в Актюбинской области до 15,2 % в соседней Атырауской области. В 2019 году этот показатель был еще ниже (5,9 %), при этом недавний рост можно хотя бы частично связать с последствиями COVID-19. В результате лишь 11 % средних и крупных предприятий сообщили об использовании цифровых технологий в 2020 году, а проведенные ОЭСР интервью (в отсутствие данных по МСП) свидетельствуют о том, что в их случае цифры могут быть еще ниже (National Statistics Office, 2022[23]).

Рисунок 4.2. Использование компаниями интернета и качество доступных сетей

Примечание: В 2021 году средняя скорость фиксированного широкополосного доступа составляла 55 Мбит/с в странах с уровнем дохода выше среднего и 113 Мбит/с в странах с высоким уровнем дохода, а средняя скорость мобильного широкополосного доступа составляла 25 и 51 Мбит/с соответственно.
Источник: (DAMU, 2020[24]) (Bureau of National Statistics, 2022[25]) (EIU, 2022[19]; ITU, 2022[20]).

В Казахстане, как и во многих странах – членах ОЭСР, имеется постоянный разрыв в покрытии между крупными городами и малыми городами / сельской местностью. Сокращение этого разрыва имеет решающее значение для укрепления общего экономического развития этих регионов и повышения конкурентоспособности их малых предприятий и предпринимателей. Поскольку инициатива по предоставлению доступа к интернету на «последней миле» до сих пор не принесла результатов в этих регионах, их муниципальные или региональные органы власти в сотрудничестве с местными заинтересованными группами и гражданскими инициативами могли бы продвигать, строить, эксплуатировать или финансировать высокоскоростные сети, компенсируя отсутствие операторов. В странах – членах ОЭСР такие муниципальные сети успешно расширяют возможности доступа к цифровой связи в регионах, где развертывание соответствующей инфраструктуры национальными коммуникационными компаниями проводилось в ограниченных масштабах или считалось нерентабельным; они способствуют усилению конкуренции и, следовательно, снижению цен в районах, где доступ к интернету частично обеспечивали национальные операторы (Mölleryd, 2015[26]) (Однако институциональные рамочные условия, в частности, открытая конкуренция на рынке телекоммуникаций, оказались важным фактором успешности реализации таких исходящих снизу инициатив в странах – членах ОЭСР, таких как Мексика, Швеция, Соединенное Королевство и США) (OECD, 2021[27]).

4.3.1. Поддержка внедрения цифровых технологий на уровне компаний: задача привлечения инвестиций и модернизации нормативно-правовой базы

Одной из явных тенденций в Казахстане, которая имеет значительные последствия для цифрового перехода, является недостаточное инвестирование в ИКТ. Инвестиции в ИКТ в Казахстане составили всего 1,98 % от общего объема ВНОК, что чуть выше, сем в Узбекистане, но значительно ниже среднего показателя по ОЭСР, составляющего 11,4 %, и еще ниже по сравнению с ведущими членами ОЭСР – Швецией (20 %) и Чехией (17 %) (Рисунок 4.3). Относительно размера экономики этот уровень столь же низок (эквивалентен 0,46% ВВП), а среди членов ОЭСР он сопоставим только с Польшей (0,78 % ВВП) и значительно ниже среднего показателя по ОЭСР, равного 2,58 % ВВП.

Рисунок 4.3. Инвестиции в ИКТ: Казахстан в международном контексте

Примечание: *Средний показатель по ОЭСР не включает Чили, Колумбию, Коста-Рику, Грецию, Японию, Корею, Новую Зеландию.
Источник: (OECD, 2023[28])

Повышение уровня инвестиций в ИКТ и инфраструктуру связи имеет решающее значение для успеха Казахстана в цифровом переходе. Правительству обязательно нужно стремиться увеличить как относительную долю, так и общий объем инвестиций в указанные активы, чтобы компании и работники могли воспользоваться преимуществами цифровой трансформации, но при этом производительность и объем производства частного сектора страны не отклонялись в будущем от среднего показателя по ОЭСР.

В последние годы Казахстан работает над адаптацией нормативно-правовой базы для деятельности компаний и экономической политики к новым цифровым вызовам. В частности, в области данных Казахстан регулярно вносит поправки в свою нормативно-правовую базу, позволяющие постепенно продвигаться к стандартам конфиденциальности и безопасности, установленным Общим регламентом ЕС по защите персональных данных (ОРЗД) (Government of Kazakhstan, 2013[29]; Government of Kazakhstan, 2017[30]). В рамках этих усилий правительство создало Комитет по информационной безопасности при МЦРИАП, которому поручено внедрение закона «О защите данных» и контроль за его соблюдением (Government of Kazkahstan, 2022[31]). Цель состояла в том, чтобы создать агентство по защите данных в соответствии с моделью ОРЗД, однако полномочия Комитета до сих пор сосредоточены вокруг технологических решений проблем с данными, а не вокруг законодательных и исполнительных аспектов защиты данных (CAISS, 2020[32]). Новая законодательная база также налагает на компании обязательство назначать сотрудника по защите данных для обеспечения внутреннего соблюдения указанного закона, уведомления Комитета об утечках данных и проведения оценки воздействия на защиту данных, прежде чем заниматься какой-либо деятельностью, требующей сбора и обработки данных (Dentons, 2021[33]).

Одной из основных областей, требующих улучшения, респонденты опроса назвали необходимость повышения уровня цифровой безопасности (45 % респондентов), что в последние годы является одним из приоритетов политики правительства. В рамках более широкой программы цифровизации страны правительство, например, разрабатывает политику цифровой безопасности для снижения уязвимости к киберугрозам (Government of Kazakhstan, 2017[34]). В 2016 г. правительство запустило концепцию кибербезопасности на период до 2022 г. («Киберщит Казахстана»), направленную на развитие сектора кибербезопасности в стране, который ранее практически не существовал (Government of Kazakhstan, 2017[35]). Стратегия включала ряд важных первоначальных мер: (i) создание национального реестра надежного цифрового программного обеспечения и IT-продуктов в целях снижения зависимости от иностранных решений; (ii) расширение международного сотрудничества с глобально признанными частными поставщиками решений в области цифровой безопасности и международными организациями, действующими в этой сфере, для наращивания местного потенциала; и (iii) развитие цифровой культуры среди населения в целом и подготовки специалистов по кибербезопасности. Некоторые задачи инициативы были дополнительно включены в задачи программы «Цифровой Казахстан». В 2022 г. правительство объявило о запуске программы «Киберщит 2.0», охватившей новые вызовы и аспекты цифровой трансформации в Казахстане, особенно в отношении либерализации и вовлечения частного сектора, правоохранительных органов, секторов безопасности и обороны. (OECD, 2023[3]).

До сих пор эта стратегия приносила свои плоды в деле первоначального формирования благоприятного ландшафта кибербезопасности в стране. Если говорить об институтах, то стоит упомянуть о создании Совета национальной безопасности, Совета по кибербезопасности, Комитета по информационной безопасности в структуре МЦРИАП и отраслевого центра информационной безопасности, охвативших финансовый сектор страны (ITU, 2021[36]). Однако недавний анализ ОЭСР показывает, что существующая институциональная архитектура может привести к проблемам с координацией, в то время как бизнес все еще недостаточно осведомлен о реализуемых инициативах (OECD, 2023[3]). Казахстан активно стремится к расширению международного сотрудничества, в частности, с Международным союзом электросвязи (МСЭ), а также посредством своего участия в рабочей группе Всемирного экономического форума (ВЭФ) по вопросам четвертой промышленной революции.

4.4. Обеспечение частного сектора навыками для цифрового перехода остается ключевой политической задачей для правительства

Обеспечение наличия у компаний навыков и знаний, необходимых для максимального использования преимуществ цифровизации, имеет решающее значение как для

конкурентоспособности, так и для инклюзивности. Способность компаний частного сектора максимально использовать возможности, открывающиеся в связи с переходом к цифровым технологиям, и обеспечить отсутствие отставания от конкурентов как внутри страны, так и на международном уровне, зависит от их способности использовать ряд цифровых технологий, а также от дополнительных возможностей в других областях, необходимых для определения коммерческих или организационных вариантов использования этих технологий (например, управленческие навыки, отражающие то, как цифровизация может повлиять на организацию компании).

Например, способность производственных МСП внедрять инновации в области внутренней организации или производства зависит от их способности получать новые данные и анализировать их с помощью цифровых инструментов. Именно по этой причине в исследовании влияния различных мер в области политики и рамочных условий на распространение цифровых технологий в ЕС ОЭСР обнаружила, что мера, оказавшая наибольшее единовременное воздействие, заключалась в повышении технических и управленческих навыков компаний (Рисунок 4.4). В то же время компании должны обладать внутренним потенциалом и знаниями, чтобы осознавать *ценность* использования цифровых инструментов для своего бизнеса, а также навыками, необходимыми для распознавания полезных для них возможностей цифровизации.

Рисунок 4.4. Воздействие избранных мер в области политики на повышение продуктивности

Примечание: Последствия устранения половины разрыва с ведущими странами ЕС в ряде структурных и политических областей на многофакторную производительность среднего предприятия, ведущего деятельность в ЕС, через 3 года.
Источник: (OECD, 2019[37])

Навыки, необходимые рабочей силе для максимально эффективного использования возможностей цифрового перехода, многообразны. В некоторых случаях появление новых профессий и изменение характера существующих требуют от претендентов сочетания технических и когнитивных навыков высокого уровня, например, навыков управления базами данных и соответствующих навыков анализа данных. В одних профессиях, например, может возникнуть необходимость в знании языков кодирования, таких как Python и Java, либо в знании и опыте работы с машинным обучением, анализом и обработкой данных и визуализацией. Это сложные навыки, которыми не владеют повсеместно даже в странах ОЭСР (1 % рабочей силы), но, тем не менее, они важны для Казахстана и других стран с переходной экономикой, если они хотят осваивать новые формы создания стоимости, факторы производительности и инновации (OECD, 2022[38]). В то же время более «базовые» навыки, такие как знание широко используемого программного обеспечения или опыт работы с платформами социальных сетей, становятся все более важными для широкого круга отраслей, выходя за традиционные рамки сектора ИКТ. Несмотря на то, что в каждом секторе и отрасли существуют собственные потребности в цифровых навыках, значение цифровизации для всей экономики требует инклюзивного подхода к развитию цифровых навыков.

Хотя очевидно, что цифровизация открывает широкие возможности для инноваций и роста производительности МСП Казахстана, неравномерное распространение инфраструктуры и навыков может усугубить разрыв в производительности между компаниями из-за трудностей с финансированием цифровых технологий и соответствующего нематериального капитала, необходимого для их эффективного использования. Проблемы доступа к финансированию являются давними препятствиями для роста компаний в Казахстане, отчасти из-за повсеместного присутствия государства в банковском секторе и вопросов, связанных с льготным кредитованием ГП. Жесткие требования банковского сектора к залоговому обеспечению особенно сложны для МСП в цифровом контексте, где большая часть инвестиций приходится на нематериальный капитал (навыки, программное обеспечение и другие формы интеллектуальной собственности). Поэтому обеспечение широкого доступа к навыкам и компетенциям, необходимым для максимально эффективного использования цифровизации, также важно для интеграции, будь то на промышленном уровне (т. е. между компаниями и отраслями с большим или меньшим инвестиционным потенциалом), на региональном уровне (т. е. между МСП в Алматы и крупными промышленными центрами и более сельскими районами страны) или на социально-экономическом уровне (т. е. в контексте гендерных различий в доступе к цифровым навыкам).

Уровень цифровых навыков в Казахстане еще не догнал средний показатель по ОЭСР, хотя он заметно выше, чем в Узбекистане и других странах региона (Рис. 4.5); менее 30 % имеют базовые навыки в области ИКТ, что наполовину меньше, чем в среднем по ОЭСР. Это относится ко всем категориям базовых, стандартных и продвинутых навыков, что говорит о том, что рабочая сила в Казахстане по-прежнему недостаточно подготовлена для использования даже самых простых цифровых технологий и понимания их потенциального применения в собственном бизнесе или в контексте стартапа или инноваций. Повышение общего уровня цифровых навыков должно стать приоритетом для правительства в его стремлении обеспечить конкурентоспособность частного сектора, и необходимо приложить усилия к тому, чтобы начать обучение цифровым навыкам на ранних этапах системы образования, обеспечивая новых участников рынка труда навыками, необходимыми для достижения успеха, а также предотвращая появление узких мест на рынке труда, связанных с навыками, поскольку цифровые технологии продолжают менять методы работы и производства, используемые компаниями.

Рисунок 4.5. Обзор цифровых навыков: Казахстан, Узбекистан и средний показатель по ОЭСР

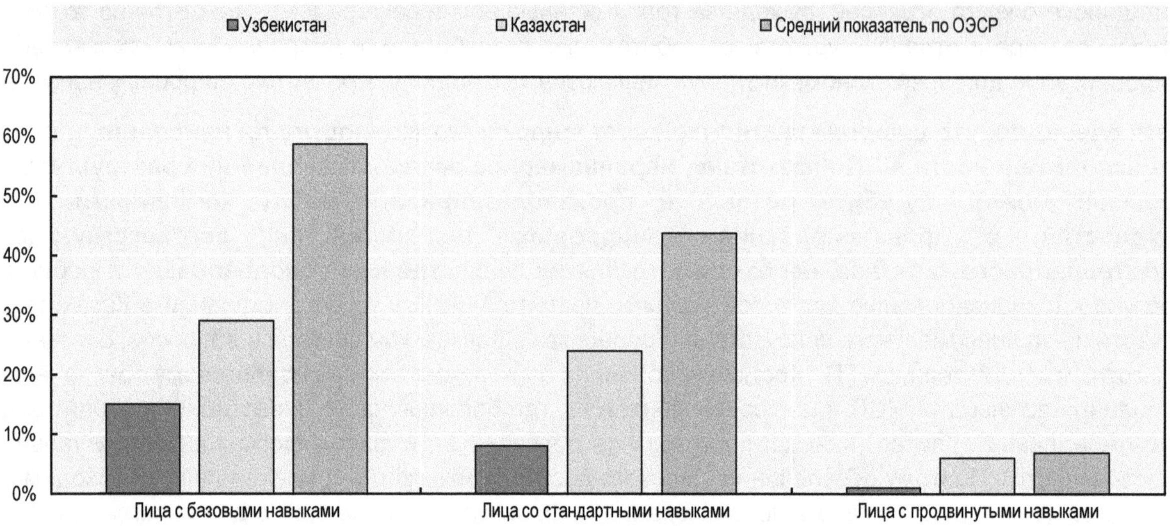

Примечание: В процентах от населения. *Данные по Австралии, Канаде, Коста-Рике, Израилю, Новой Зеландии, США отсутствуют. Данные по Узбекистану относятся к 2018–2020 гг., данные по Казахстану – к 2019–2020 гг. Наблюдения для стран ОЭСР ведутся с 2013 по 2020 год. Данные по Узбекистану используются для сравнения с Казахстаном ввиду их наличия.
Источник: (ITU, 2023[18])

Разница в уровне цифровых навыков в Казахстане и других странах региона менее заметна в областях, где высока вероятность повышения производительности, т. е. тех, где человек использует свои цифровые знания для создания новых знаний и выводов из данных или для инноваций и улучшения коммуникаций (WEF, 2020[39]) (OECD, 2021[40]). Например, около четверти населения Казахстана обладают стандартными цифровыми навыками, то есть имеют опыт выполнения таких задач как использование арифметической формулы в электронной таблице, создание электронной презентации, подключение новых электронных устройств или загрузка и настройка программного обеспечения (Рисунок 4.6). По продвинутым навыкам, которые включают такие задачи как программирование, Казахстан близок к среднему уровню ОЭСР. Более широкая доступность данных о цифровых навыках и распространении цифровых технологий в бизнес-сообществе, например, с точки зрения размера компании и отрасли, в случае необходимости позволит принимать более целенаправленные меры в области политики.

Рисунок 4.6. Цифровые навыки по категориям: Казахстан, Узбекистан и средний показатель по ОЭСР (2019)

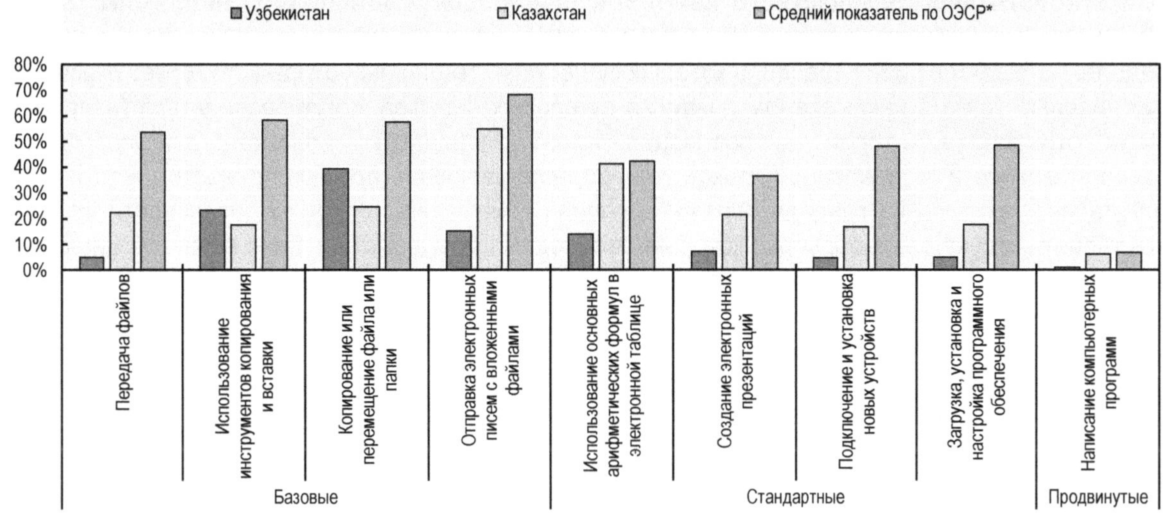

Примечание: в процентах от населения. *Данные по Австралии, Канаде, Коста-Рике, Израилю, Новой Зеландии, США отсутствуют. Данные по Узбекистану относятся к 2018–2020 гг., данные по Казахстану – к 2019–2020 гг. Наблюдения для стран ОЭСР ведутся с 2013 по 2020 год.
Источник: (ITU, 2023[18])

Одной из особенностей ландшафта цифровых навыков в Казахстане, как и в Узбекистане, является то, что разрыв в цифровых навыках является относительно не зависящим от пола. Разрыв между мужчинами и женщинами в базовых, стандартных и продвинутых навыках в ОЭСР значительно выше, чем в Казахстане и Узбекистане (Рисунок 4.7). Учитывая общий невысокий уровень цифровых навыков в стране, относительно небольшой гендерный разрыв может быть скорее показателем более широкой доступности этих навыков, чем положительной тенденцией в их развитии. Тем не менее у правительства есть возможность сделать так, чтобы стратегические меры, направленные на развитие цифровых навыков, способствовали сохранению существующей тенденции к относительно равномерному с гендерной точки зрения распределению цифровых навыков, а не нарушали ее.

Рисунок 4.7. Гендерные различия и разрыв в цифровых навыках: Казахстан, Узбекистан и средний показатель по ОЭСР (2019 г., в процентных пунктах)

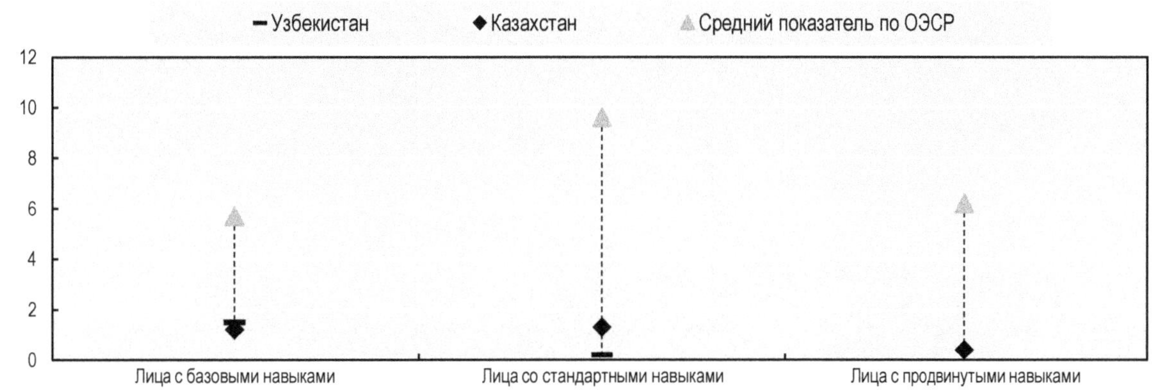

Примечание: в процентах от населения. Оценки ОЭСР на основе данных МСЭ. Данные по Австралии, Канаде, Коста-Рике, Израилю, Новой Зеландии, США отсутствуют. Данные по Узбекистану относятся к 2018–2020 гг., данные по Казахстану – к 2019–2020 гг. Наблюдения для стран ОЭСР ведутся с 2013 по 2020 год.
Источник: (ITU, 2023[18])

Важно отметить, что исторически важные отрасли промышленности страны могут создавать зависимость в наличии и развитии навыков, что может либо способствовать, либо препятствовать переходу частного сектора к цифровым и зеленым технологиям (OECD, 2022[41]). Если, например, в определенной экономике исторически сложилась высокая значимость определенного сектора или отрасли, в которых существует гендерный разрыв, то может оказаться, что отправные точки в инклюзивном развитии цифровых навыков могут различаться (например, если в отрасли, в которой цифровизация имеет очевидный потенциал для повышения производительности и инноваций, такой как обрабатывающая промышленность, исторически наблюдался значительный гендерный разрыв в плане занятости или производительности, то могут существовать структурные барьеры, которые необходимо преодолеть, чтобы развитие цифровых навыков было действительно инклюзивным). Поэтому одной из основных задач экономической политики Казахстана является обеспечение того, чтобы ранее существовавшие гендерные пробелы в плане занятости в целом или доступа к высокопроизводительным рабочим местам в частности (например, в обрабатывающей промышленности) не стали фактическими препятствиями для вовлечения женщин в развитие цифровых навыков.

Список литературы

Bureau of National Statistics (2022), *Small and Medium Enterprises (database)*, https://stat.gov.kz/official/industry/139/statistic/6 (accessed on 29 April 2022). [25]

Cable (2022), *Worldwide mobile data pricing 2021*, https://www.cable.co.uk/mobiles/worldwide-data-pricing/ (accessed on 28 April 2022). [17]

CAISS (2020), *Protection of personal data in Kazakhstan: status, risks and opportunities (Защита персональных данных в Казахстане: статус, риски и возможности)*, https://www.soros.kz/wp-content/uploads/2020/04/Personal_data_report.pdf. [32]

DAMU (2020), *Annual Report on SMEs Development in Kazakhstan and its regions*, https://damu.kz/upload/iblock/192/Damu_Book_2019_EN.pdf. [24]

Dentons (2021), *The impact of the GDPR in Kazakhstan*, https://www.dentons.com/en/insights/alerts/2021/may/5/the-impact-of-the-gdpr-in-kazakhstan. [33]

Digital Kazakhstan (2022), *About the Program*, https://digitalkz.kz/en/about-the-program/ (accessed on 17 May 2022). [7]

egov.kz (2021), *"Informational Kazakhstan – 2020" State program*, https://egov.kz/cms/en/articles/gp_inf_kaz_2020 (accessed on 17 May 2022). [6]

EIU (2022), *The Inclusive Internet Index (database)*, https://theinclusiveinternet.eiu.com/ (accessed on 21 April 2022). [19]

Government of Kazakhstan (2022), *Regular meeting of Commission on Demonopolization of Economy under Government of Kazakhstan took place*, https://primeminister.kz/en/news/kr-ukimeti-zhanyndagy-ekonomikany-demonopolizaciyalau-zhonindegi-komissiyanyn-kezekti-otyrysy-otti-531719 (accessed on 5 July 2022). [14]

Government of Kazakhstan (2021), *Digital Era Lifestyle Programme*. [10]

Government of Kazakhstan (2017), *Approval of the Cybersecurity Concept ("Cyber Shield of Kazakhstan"), Resolution by the Government of the Republic of Kazakhstan No. 407*, https://adilet.zan.kz/rus/docs/P1700000407 (accessed on 31 May 2022). [35]

Government of Kazakhstan (2017), *Law "On Amendments and Additions to Certain Legislative Acts of the Republic of Kazakhstan on Regulation of Digital Technologies", 25 June 2020*, https://adilet.zan.kz/eng/docs/Z1700000051 (accessed on 6 July 2022). [30]

Government of Kazakhstan (2017), *State of the Nation Address*, https://www.akorda.kz/en/addresses/addresses_of_president/the-president-of-kazakhstan-nursultan-nazarbayevs-address-to-the-nation-of-kazakhstan-january-31-2017 (accessed on 13 July 2022). [34]

Government of Kazakhstan (2017), *State programme "Digital Kazakhstan:*, https://digitalkz.kz/wp-content/uploads/2020/03/%D0%93%D0%9F%20%D0%A6%D0%9A%20%D0%BD%D0%B0%20%D0%B0%D0%BD%D0%B3%D0%BB%2003,06,2020.pdf. [5]

Government of Kazakhstan (2014), *Government Decree No. 280 of 31 March 2014 ('On approval of the Comprehensive Privatisation Plan for 2014-2016'*, https://www.skc.kz/upload/iblock/ffe/ii.-postanovlenie-pravitelstva-rk-ot-31-03-2014-_-280.pdf. [12]

Government of Kazakhstan (2013), *Law of the Republic of Kazakhstan dated 21 May 2013 On personal data and their protection*, https://adilet.zan.kz/eng/docs/Z1300000094#:~:text=The%20Law%20of%20the%20Republic,94%2DV.&text=This%20Law%20regulates%20the%20public,and%20protection%20of%20personal%20data. (accessed on 7 July 2022). [29]

Government of Kazkahstan (2022), *Information Security Committee under the Ministry of Digital Development, Innovation and Aerospace Industry*, https://www.gov.kz/memleket/entities/infsecurity/activities/directions?lang=en (accessed on 12 July 2022). [31]

ITU (2023), *ITU Digital Development Dashboard*, ITU, World Telecommunication/ICT Indicators Database, https://www.itu.int/en/ITU-D/Statistics/Dashboards/Pages/Digital-Development.aspx. [18]

ITU (2022), *Digital Development (database)*, http://itu.int (accessed on 27 April 2022). [15]

ITU (2022), *World Telecommunication/ICT Indicators Database online*, https://www.itu.int/pub/D-IND-WTID.OL-2021/fr (accessed on 29 April 2022). [20]

ITU (2021), *How Kazakhstan Efficiently Implements Its National Cybersecurity Strategy*, https://www.itu.int/en/ITU-D/Regional-Presence/CIS/Pages/News/20210810.aspx (accessed on 1 June 2022). [36]

ITU (2021), *The affordability of ICT services 2020*, https://www.itu.int/en/ITU-D/Statistics/Documents/publications/prices2020/ITU_A4AI_Price_Briefing_2020.pdf. [16]

Kazinform (2015), *"TransTeleCom" JSC sold within privatization programme*, https://strategy2050.kz/en/news/21462/ (accessed on 7 July 2022). [13]

Mölleryd, B. (2015), "Development of High-speed Networks and the Role of Municipal Networks", *OECD Science, Technology and Industry Policy Papers*, No. 26, OECD Publishing, Paris, https://doi.org/10.1787/5jrqdl7rvns3-en. [26]

National Statistics Office (2022), *Share of large and medium-sized industrial enterprises using digital technologies (database)*, https://stat.gov.kz/api/getFile/?docId=ESTAT410029 (accessed on 3 May 2022). [23]

OECD (2023), *Digital Kazakhstan Government Programme*, OECD STIP Compass, OECD Publishing, https://stip.oecd.org/stip/interactive-dashboards/policy-initiatives/2021%2Fdata%2FpolicyInitiatives%2F25280. [2]

OECD (2023), *Digital Skills for Private Sector Competitiveness*, OECD Publishing, Paris. [4]

OECD (2023), *Improving Framework Conditions for the Digital Transformation of Businesses: Peer review of Kazakhstan*, OECD Publishing, Paris. [3]

OECD (2023), *Investment by asset (indicator)*, https://doi.org/10.1787/8e5d47e6-en. [28]

OECD (2022), *OECD Reviews of Innovation Policy: Germany 2022: Building Agility for Successful Transitions*, OECD Reviews of Innovation Policy, OECD Publishing, Paris, https://doi.org/10.1787/50b32331-en. [41]

OECD (2022), *Skills for the Digital Transition: Assessing Recent Trends using Big Data*, OECD Publishing, Paris, https://www.oecd-ilibrary.org/docserver/38c36777-en.pdf?expires=1676976769&id=id&accname=ocid84004878&checksum=5BF20BE13D076B519F8C025F7ADC90E8. [38]

OECD (2021), *Bridging digital divides in G20 countries*, OECD Publishing, Paris, https://doi.org/10.1787/35c1d850-en. [27]

OECD (2021), *OECD Skills Outlook 2021: Learning for Life*, OECD Publishing, Paris, https://www.oecd-ilibrary.org/docserver/0ae365b4-en.pdf?expires=1681746986&id=id&accname=ocid84004878&checksum=50264747 5D6197768ACBA081E248F600. [40]

OECD (2021), *The Digital Transformation of SMEs*, OECD Studies on SMEs and Entrepreurship, OECD Publishing, Paris, https://www.oecd-ilibrary.org/docserver/bdb9256a-en.pdf?expires=1681399065&id=id&accname=ocid84004878&checksum=A2E2D7459BF4010808A59FFA2267BADA. [1]

OECD (2019), *Digitalisation and productivity: A story of complementarities*, OECD Economic Outlook: 2019, https://www.oecd-ilibrary.org/sites/b2e897b0-en/1/2/2/index.html?itemId=/content/publication/b2e897b0-en&_csp_=d2743ede274dd564946a04fc1f43d5dc&itemIGO=oecd&itemContentType=book. [37]

OECD (n.d.), *OECD Studies on SMEs and Entrepreneurship*, OECD Publishing, Paris, https://doi.org/10.1787/20780990. [21]

Republic of Kazakhstan (2022), *DigitEL | Digital Era Lifestyle*. [8]

Samruk Kazyna (2016), *Telecommunications industry - transformation of the industry*, https://www.sk.kz/upload/iblock/203/203b9191c8d1418e26390330bo71f90b.pdf [11]

United Nations (2022), *UN E-Government Knowledgease*, United Nations, NYC, https://publicadministration.un.org/egovkb/en-us/Data/Country-Information/id/87-Kazakhstan. [9]

WEF (2020), *The Future of Jobs Report 2020*, WEF, Geneva, https://www.weforum.org/reports/the-future-of-jobs-report-2020. [39]

World Bank (2021), *World Bank Enterprise Survey*. [22]

Примечание

1 На момент написания отчета на рассмотрении находится новый законопроект об увеличении ответственности операторов в случае низкого или падающего качества сети.

[2] Термин «разрыв в доступности цифровой связи» описывает пробелы в доступе к высококачественным услугам широкополосного подключения и их использовании по приемлемым ценам в районах с низкой плотностью населения и среди уязвимых групп населения по сравнению с населением страны в целом (OECD, 2021[27]).

5 Улучшение условий ведения деятельности для компаний: акцент на упрощении процедур торговли и принудительное исполнение договоров

В последние годы правительство добилось значительного прогресса в упрощении и повышении надежности условий – как юридических, так и фактических, – в которых компании ведут свою деятельность и управляют взаимодействием с государственными органами. Согласно ответам, полученным в ходе опроса, несмотря на то что деловые круги в целом положительно оценивают условия ведения бизнеса в Казахстане, существуют проблемы, которые продолжают оказывать отрицательное воздействие на их деятельность и могут снизить эффективность работы правительства по диверсификации экономики. Данная глава основана на результатах опроса и посвящена двум таким проблемам: упрощению процедур торговли и принудительному исполнению договоров.

5.1. Результаты опроса и обзорный анализ

Ответы респондентов показали, что компании в основном положительно оценивают ход многочисленных реформ, направленных на улучшение делового климата. Респонденты в подавляющем большинстве указали на то, что многие аспекты нормативно-правовой среды и рамочных условий экономической политики, влияющие на их повседневную деятельность, благоприятствуют ведению бизнеса и за последние годы улучшились. Такая положительная оценка отражает результаты значительной работы правительства, проделанной в последние годы в целях реформирования указанных областей. Это касается как операционных реформ, например, предоставления новых услуг с помощью средств цифровизации, так и обеспечения правовой ясности, в том числе благодаря введению в действие Предпринимательского кодекса Республики Казахстан в 2015 г. и Экологического кодекса в 2021 г.

В целом высокий уровень положительного отношения к направленности реформ отразился в высоком уровне оптимизма и энтузиазма в отношении ведения бизнеса в Казахстане. Лишь 6 % респондентов считают деловой климат неблагоприятным, в то время как 23 % респондентов сообщили, что он очень благоприятный, а еще 68 % охарактеризовали его как достаточно благоприятный.[1] Респонденты также отметили готовность вести деятельность в Казахстане, несмотря на неопределенность внешних условий деятельности из-за развязанной Россией войны в Украине и потрясений, вызванных пандемией COVID-19. Почти половина респондентов ожидает увеличения прибыли и товарооборота в 2022 г. (48 % и 42 % соответственно). Таким образом, из ответов респондентов следует, что упрощение процедур в стране ведет к росту привлекательности ведения бизнеса.

Тем не менее не все респонденты в одинаково высокой степени оценили ход реформ, и ответы на вопросы свидетельствуют о беспокойстве по поводу ряда областей экономической политики, которые могут особенно существенно повлиять на деятельность местных МСП. Проблемы, с которыми сталкиваются МСП, являются предвестником вызовов для делового климата страны в целом. Если местная компания испытывает трудности с диверсификацией производства из-за обременительных таможенных процедур или с разрешением споров с другими компаниями или государственными органами из-за отсутствия норм для принудительного исполнения договоров, то любой иностранный или отечественный инвестор, выходящий или рассматривающего возможность выхода на рынок, может сделать соответствующие выводы. Поэтому крайне важно, чтобы правительство рассматривало проблемы, с которыми сталкивается в своей повседневной деятельности местный бизнес, в тесной связи с реализацией других инициатив в области экономической политики, таких как привлечение инвестиций в несырьевые сектора экономики и поддержка диверсификации и конкурентоспособности Казахстана в условиях «зеленого» и цифрового перехода.

Данная глава основана на результатах опроса и посвящена двум сферам экономической политики, которые имеют большое значение для развития и диверсификации частного сектора в Казахстане: таможенная политика и принудительное исполнение договоров. Они крайне важны для того, чтобы отечественные компании могли с уверенностью инвестировать и вносить свой вклад в программу диверсификации страны. Кроме того, они обеспечивают уверенность международных инвесторов в способности местного частного и государственного секторов участвовать в их цепочках создания стоимости и их предсказуемости как клиентов.

5.1.1. Реформы значительно упростили ведение бизнеса в Казахстане, однако более серьезные проблемы остаются барьером для развития делового климата

Большинство предприятий оценили каждый из исследуемых показателей как очень полезный или достаточно полезный. Если доля компаний, оценивших большинство показателей как очень полезные, оказалась ниже 25 %, то компаний, указавших, что они считают данную область экономической политики бесполезной, практически не было. Рейтинг не является сравнительным, и компаниям не предлагалось оценивать одну сферу политики по отношению к другой с точки зрения ее полезности для их деятельности, однако его результаты свидетельствуют о том, что респонденты в целом согласны с направлением политики (Рисунок 5.1).

Компании-респонденты наиболее позитивно оценили ход реформы в отношении регистрации и лицензирования бизнеса, что, возможно, способствовало снижению бюрократических преград для ведения бизнеса в стране. Единственный показатель, в отношении которого явное большинство респондентов высоко оценили прогресс в определенной области экономической политики, относился к мерам по упорядочению процедур регистрации и лицензирования (63 % респондентов назвали реформы в области регистрации и лицензирования бизнеса очень полезными, а еще 22 % оценили их как достаточно полезные). В определенной степени эти реформы предусматривают обоснование и упрощение процедур и затрат, необходимых для ведения бизнеса в Казахстане. Таким образом, эти реформы оказались очень важны для создания более привлекательных условий ведения бизнеса. В то же время необходимо отметить, что на фоне ограниченного прогресса в других областях, направленных на развитие конкуренции и рынка, такие реформы было относительно просто реализовать.

Подавляющее большинство компаний считают, что за последние пять лет почти по всем показателям развития местного делового климата был достигнут либо значительный, либо некоторый прогресс. Наиболее существенные успехи были связаны с областями, включающими технологический или цифровой компонент: повышение качества цифровой инфраструктуры, доступ к новым технологиям и повышение эффективности процедур ведения бизнеса и лицензирования с помощью цифровых технологий (Рисунок 5.1 b). За исключением налогообложения большинство респондентов считают, что реформы в каждой из рассмотренных областей продвигаются в правильном направлении, хотя ход их реализации не является равномерным. Тем не менее доля респондентов, неоднозначно или отрицательно оценивающих ход реформ, была значительно выше доли тех, кто оценивает его положительно. Отношение респондентов к ходу реформ в Казахстане было заметно менее положительным, нежели у отвечавших на вопросы в Узбекистане. Отчасти это может объясняться мощным процессом реформирования, предполагающим меры по поддержке делового климата, запущенным правительством Узбекистана в 2017 г., а также более высокими ожиданиями предприятий Казахстана от местных властей в связи с относительной зрелостью реформ в стране.

Рисунок 5.1. Оценка предприятиями хода реформ в Казахстане

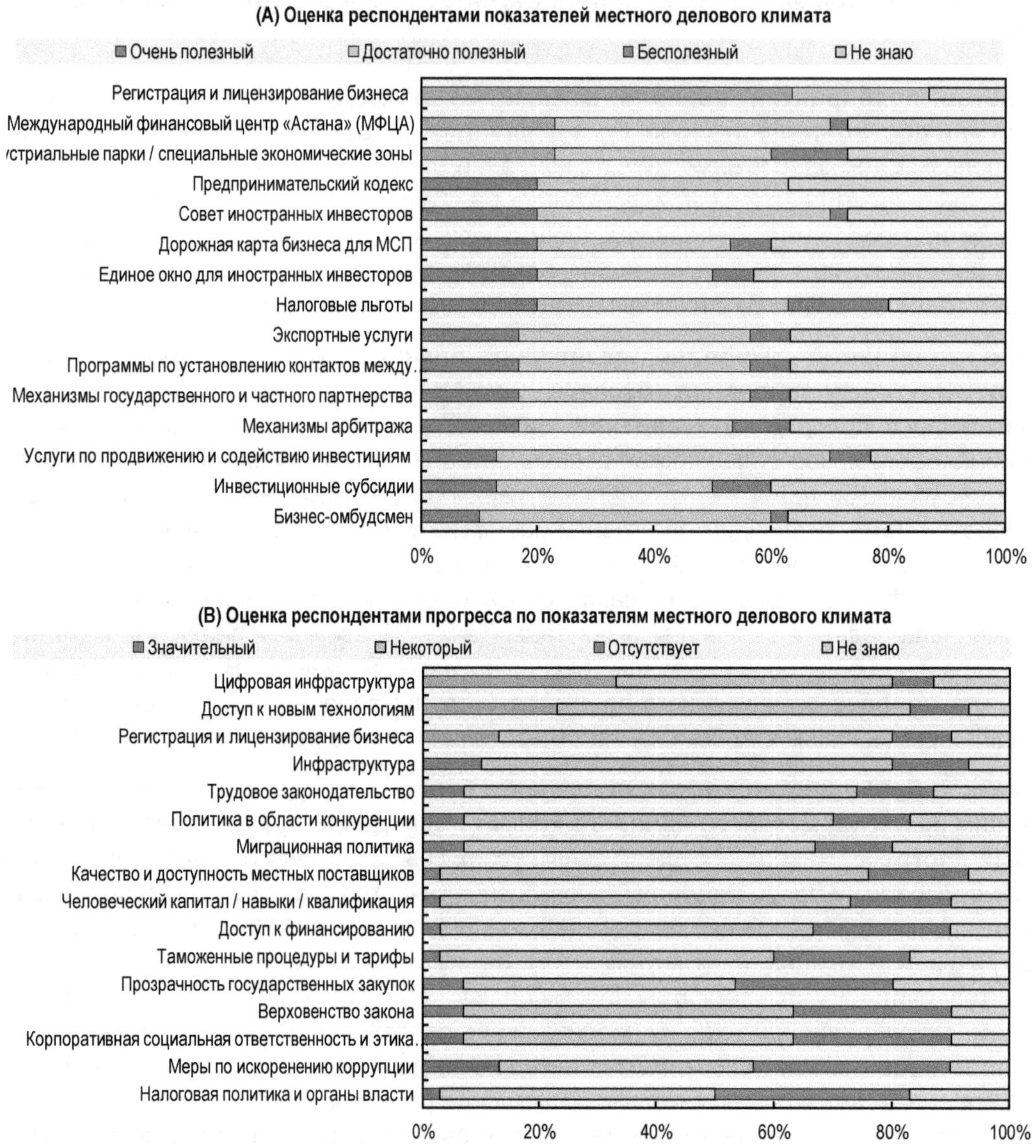

Примечание: В процентах от общего количества респондентов.
Источник: Опрос ЕС-ОЭСР «Оценка делового климата в Казахстане»

Существенное большинство компаний указали на ограниченность прогресса в отношении ряда ключевых операционных показателей развития местного делового климата, включая таможенные процедуры. Почти четверть респондентов (23 %) заявили, что никаких улучшений в таможенных процедурах и тарифах не произошло, а еще 57 % заявили об ограниченном прогрессе. Это говорит о проблеме, с которой постоянно сталкивается правительство при обеспечении фактического внедрения юридически оформленных мер по улучшению делового климата, поскольку по оценкам ОЭСР страна уже добилась относительно заметного прогресса своей таможенной и торговой политики на основании Индикаторов упрощения процедур торговли (ИУПТ) ОЭСР. Тот факт, что формальный прогресс в этих областях не ощущается в практической деятельности респондентов в Казахстане, указывает на то, что реализация мер политики на местах остается для властей непростой задачей.

По мнению респондентов, наиболее слабыми показателями развития делового климата являются борьба с коррупцией и упрощение бюрократических процедур. Это сквозные проблемы, затрагивающие широкий спектр областей экономической политики. В то же время они имеют непосредственное отношение к вопросам таможенных процедур и принудительного исполнения договоров, где результаты предыдущей работы ОЭСР показали возможное разрушительное воздействие на деловой климат коррупции, бюрократии и нерешенных вопросов прозрачности (OECD, 2021[1]). Бюрократия и коррупция не являются отдельными проблемами, которые следует рассматривать независимо друг от друга: они могут быть как причинами, так и симптомами вызовов, с которыми сталкиваются компании в различных областях экономической политики, включая торговлю и принудительное исполнение договоров.

Рисунок 5.2. Проблемы с деловым климатом и приоритетные реформы

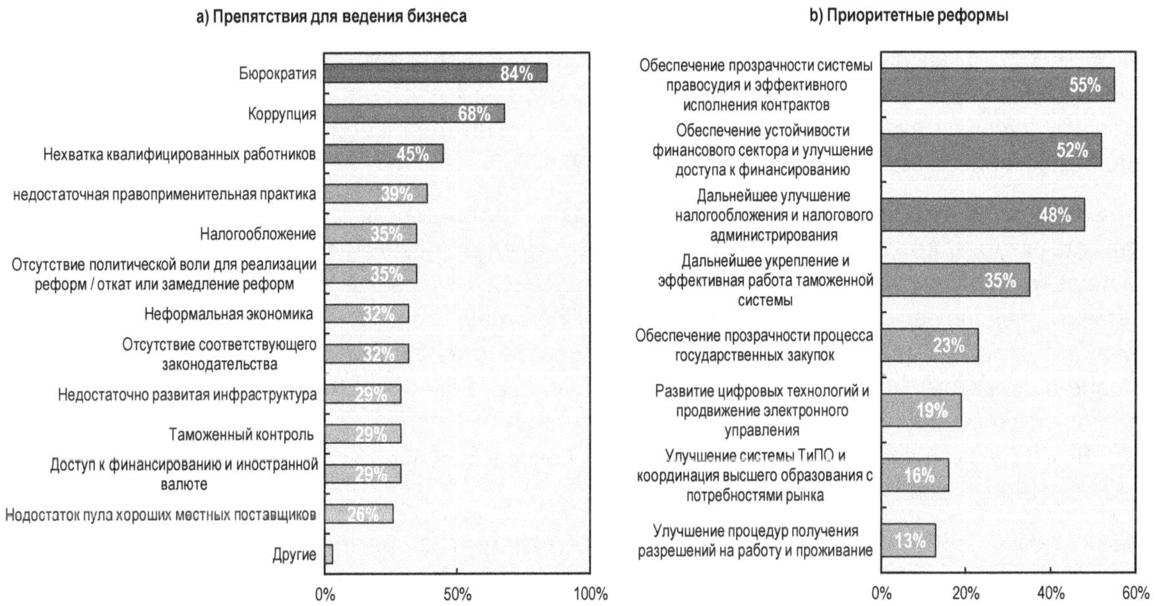

Примечание: В процентах от общего количества респондентов.
Источник: Опрос ЕС-ОЭСР «Оценка делового климата в Казахстане»

Респонденты считают реформы по обеспечению принудительного исполнения договоров наиболее важным направлением для рассмотрения правительством. На вопрос, какие реформы правительству следует реализовать в первую очередь, более половины респондентов предложили реформы в целях повышения прозрачности судебной системы и обеспечения принудительного исполнения договоров (55 %), а также улучшения общего состояния финансового сектора и упрощения доступа к финансированию (52 %). Значительная часть респондентов указала на приоритетность реформирования системы взимания налогов (48 %) и таможенной системы (35 %).

5.2. Поддержка интернационализации предприятий посредством упрощения процедур торговли и реформы таможенной системы

Правительство Казахстана давно признало важность международной торговли для экономики страны. Тем не менее, несмотря на стремление властей к обеспечению более глубокой интернационализации экономики, предприятия продолжают сталкиваться со значительными препятствиями, ограничивающими их доступ на международные рынки. Такая ситуация отчасти является отражением специфики структуры экономики, поскольку многие МСП страны работают в секторах, не связанных с внешней торговлей, а производительность предприятий, работающих в секторах, связанных с внешней торговлей, зачастую недостаточна для обеспечения их конкурентоспособности на международном уровне. Предприятия, торгующие или могущие торговать за рубежом, сталкиваются с более высокими «штрафами за расстояние» по сравнению с конкурентами во многих странах ОЭСР. Одной из причин является значительное расстояние, которые необходимо преодолеть товарам до места назначения; кроме того, определенную роль играет неэффективность мер экономической политики и правил, регулирующих порядок торговли, которые ведут к росту постоянных издержек, связанных с выходом на международный рынок.

Правительство может многое сделать – и уже делает – для повышения качества физической инфраструктуры для торговли, хотя эти меры зачастую требуют существенный объем инвестиций и затрагивают комплексные вопросы управления и устойчивости. Тем не менее, как отмечается в совместном отчете ОЭСР и МФТ о грузоперевозках в Центральной Азии, ограниченность транспортных связей, с которой сталкиваются компании региона, в значительной степени вызвана не географическим положением страны и отсутствием необходимой физической инфраструктуры, а мерами экономической политики, нематериальной инфраструктурой, от которой зависит движение товаров, услуг и людей (ITF, 2019[2]).

Правительство приложило ряд усилий для повышения качества нематериальной инфраструктуры, которая формирует условия международной торговли страны. Казахстан официально подтвердил свою приверженность развитию открытой и справедливой нормативно-правовой базы для ведения торговли, вступив во Всемирную торговую организацию (ВТО) в 2015 г., и заявил о своем намерении углубить работу с соответствующими профильными комитетами по торговле и сельскому хозяйству в рамках ОЭСР. По состоянию на 2023 г. Казахстан не полностью выполнил требования по вступлению в ВТО, выполнив 61 % обязательств (из них в кат. А: 44,5 %, в кат. В – 16,8 %, в кат. С – 0 %). По данному показателю Казахстан отстает от Таджикистана (79,4 %) и Кыргызской Республики (77,7 %).[2]

Страна также добилась более глубокой интеграции в региональные блоки. Членство Казахстана в Евразийском экономическом союзе (ЕАЭС) и предшествующая интеграция в Евразийский таможенный союз (Беларусь–Казахстан–Россия), а также активное членство в Центральноазиатском региональном экономическом сотрудничестве (ЦАРЭС) могут усилить внутри- и межрегиональную экономическую интеграцию. Как и в случае других стран ЕАЭС, неясно, как существующие торговые и инвестиционные соглашения были и будут согласованы с договорными обязательствами, и как правительство будет справляться с напряженностью, возникающей в связи с введенными против России санкциями и совместным членством в указанных блоках. Тем не менее 70 % участников опроса выступают за большую интеграцию Казахстана в международную торговлю и открытие новых экспортных маршрутов, а остальные 30 % либо не имеют по этому вопросу мнения, либо затруднились с ответом.

Значительная модернизация таможенной инфраструктуры помогла упростить процедуры для участников внешнеэкономической деятельности. Введение в январе 2020 г. полностью автоматизированных таможенных процедур, гармонизация и цифровизация всей таможенной и торговой документации посредством Автоматизированной системы таможенного и налогового администрирования АСТАНА-1, полностью соответствующей таможенным стандартам ВТО, Европейского союза и ЮНКТАД, стали важными шагами по сокращению времени, затрачиваемого на торговые процедуры, и их стоимости. Влияние новой системы на бизнес предстоит оценить в ближайшие годы. В то же время повышение качества координации между таможней и инспекциями Системы управления рисками может обеспечить дополнительные выгоды за счет исключения дублирования или искусственного затягивания процедур.

Дальнейшее упрощения процедур торговли может привести к дополнительному снижению затрат для казахстанских компаний. Поскольку страна не имеет выхода к морю и унаследовала ориентированную на Россию физическую инфраструктуру, упрощение процедур торговли может помочь обеспечить значительные улучшения транспортных связей, в частности, за счет повышения эффективности процедур пересечения границ и уровня внутриведомственного сотрудничества (ITF, 2019[2]). Несмотря на заметные улучшения, достигнутые за последнее время, в том, что касается таможенных и пограничных процедур, Казахстан продолжает отставать от стран ОЭСР, что отражается в Индикаторах упрощения процедур торговли (ИУПТ) ОЭСР. Малоэффективные меры по упрощению процедур торговли приводят к увеличению размеров «штрафов за расстояние», с которыми производители в Казахстане уже сталкиваются в силу географического положения страны и ограничений, накладываемых узкими местами физической инфраструктуры.

Предприятия продолжают жаловаться на обременительные торговые процедуры и их непоследовательное выполнение. Более трети респондентов утверждают, что приоритетом правительства должно стать повышение качества торгового и таможенного регулирования, в то время как только 3 % заявили, что за последние пять лет в этой области был достигнут значительный прогресс, несмотря на то что формально Казахстан добился улучшений в этой сфере. Разрыв между практическим опытом предприятий и имеющейся формальной системой для регулирования торговых операций говорит о сохраняющихся расхождениях при практической реализации, которые сводят на нет усилия правительства по обеспечению прозрачных условий международной торговли для частного сектора и ограничивают эффективность мер, направленных на повышение конкурентоспособности местного частного сектора за рубежом.

5.2.1. Показатели Казахстана по ИУПТ ОЭСР свидетельствуют о повышении эффективности нормативно-правовой базы для упрощения процедур торговли в последние годы

В издании ИУПТ ОЭСР за 2022 г. ОЭСР указывает на улучшение показателей Казахстана почти во всех сферах, охватываемых индикаторами, с момента предыдущей оценки в 2017 г. Наиболее значительный прогресс был отмечен в повышении прозрачности и предсказуемости информации, связанной с торговлей, оптимизации требований к документации и процессов, включая более широкое использование цифровых инструментов, а также углублении сотрудничества внутренних пограничных служб (Рисунок 5.3)

Рисунок 5.3. Казахстан: Прогресс по ИУПТ ОЭСР за 2017–2022 гг.

Источник: (OECD, 2023[3])

Улучшение общих показателей по ИУПТ было обусловлено изменениями в конкретных областях экономической политики. Улучшение доступности информации, связанной с торговлей, обусловлено раскрытием Казахстаном большего объема информации о своих торговых соглашениях и процедурах обжалования, повышением качества работы справочных пунктов и публикацией руководств пользователя в отношении внедренных систем. Также были разработаны руководящие принципы и процедуры, регулирующие порядок проведения общественных консультаций. Правительство стремится привлечь торговое сообщество к разработке и реализации мер экономической политики и процедур, связанных с пересечением границы, при этом проекты новых изменений все чаще становятся доступными широкой общественности еще до вступления в силу. Также был достигнут прогресс в отношении публикации правил, применимых к предварительным решениям, возможности получения предварительного решения и публикации предварительных решений, представляющих общий интерес.

Как и в случае предоставления иных государственных услуг, правительство добилось значительных улучшений в использовании цифровых технологий для оптимизации ведения документации и обработки обращений. С 2017 г. власти все чаще принимают копии документов, связанных с торговлей, а не оригиналы; кроме того, они сократили количество необходимых для внешней торговли документов и упростили их. Во многом этот прогресс объясняется более широким использованием средств автоматизации, которые обеспечили возможность обработки товаров до прибытия (подача торговых документов заранее в электронном формате, в том числе через цифровое единое окно).

Сотрудничество органов пограничного контроля внутри страны и за ее пределами стало одной из основных сфер, в которых были отмечены улучшения в предыдущих версиях ИУПТ ОЭСР, а также в отчете ОЭСР за 2021 г (OECD, 2021[1]). Правительство добилось существенного прогресса и в этой области отчасти благодаря более высокому уровню координации и гармонизации требований к данным и контролю документации среди ведомств, участвующих в управлении трансграничной торговлей. Свой вклад внесло и повышение доступности соответствующих данных в национальных ведомствах в режиме реального времени, а также создание четкой основы для согласования работы систем управления рисками, внедряемых различными ведомствами, в том числе совместный доступ к результатам инспекций и контрольных мероприятий.

Рисунок 5.4. Казахстан: Динамика ИУПТ ОЭСР в глобальном контексте

Источник: (OECD, 2023[3])

Показатели Казахстана в международном контексте демонстрируют, что у страны все еще имеются значительные возможности для снижения стоимости торговли за счет реализации таможенных реформ и упрощения таможенных процедур. Несмотря на то что Казахстан демонстрирует относительно хорошие результаты по сравнению с другими странами с уровнем дохода выше среднего, страна продолжает отставать от среднего уровня ОЭСР в большинстве областей, охватываемых индикаторами (Рисунок 5.4). Казахстан лидирует в Центральной Азии по каждому из показателей, за исключением управления и беспристрастности таможенных процедур (Рисунок 5.5).

Рисунок 5.5. Казахстан: Динамика ИУПТ ОЭСР в региональном контексте

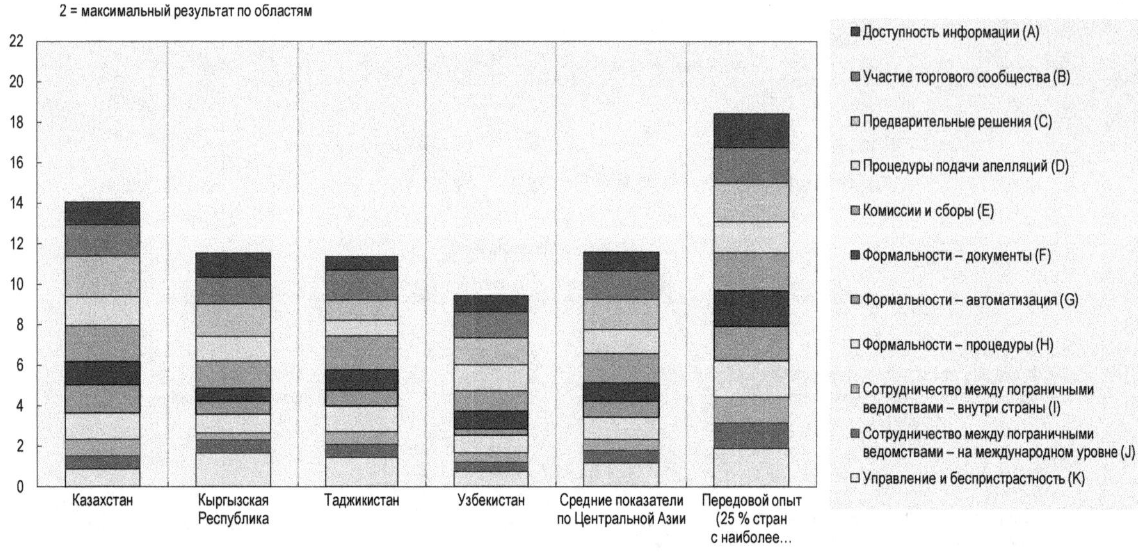

Источник: (OECD, 2023[3])

Внутреннее сотрудничество государственных органов в области таможенных процедур является проблемой во всех странах Центральной Азии. Улучшение обмена данными и более эффективное согласование мероприятий и мер политики в области таможенного дела может значительно повысить качество управления пограничными и таможенными службами, что приведет к снижению издержек для торговых предприятий. Правительству следует стремиться к более тесному внутреннему сотрудничеству между ведомствами, обеспечивая более высокий уровень координации работы государственных учреждений, особенно наделенных полномочиями по инспекции товаров и выдаче сертификатов или разрешений (OECD, 2021[1]). Развитие информационных систем по транзиту товаров, связанных с другими странами региона, и согласование таможенных документов и требований к таможенным процедурам также будет способствовать сотрудничеству пограничных ведомств на международном уровне.

5.3. Частный сектор Казахстана нуждается в более надежной защите прав собственности и эффективной системе разрешения споров

Явное большинство (55 %) респондентов считают реформы по обеспечению принудительного исполнения договоров главным приоритетом для правительства. Такие реформы также были выделены ОЭСР в качестве одного из трех приоритетных направлений деятельности в 2021 г., при этом Организация сделала акцент на надежности процедур урегулирования споров и принудительного исполнения договоров. Такие приоритеты являются отражением озвученных на тот момент мнений предприятий о предсказуемости решений, связанных с урегулированием споров и обеспечением соблюдения прав собственности (OECD, 2021[1]).

Правительство провело большую работу по повышению качества принудительного исполнения договоров. Она была тесно связана с более сквозными процессами реформирования, направленными на сокращение бюрократии, борьбу с коррупцией и использование цифровых технологий для повышения эффективности и прозрачности предоставления государственных услуг. Прогресс в отношении принудительного исполнения договоров во многом отражает успешность хода реформ в других областях экономической политики. С одной стороны, нормативно-правовая база для принудительного исполнения договоров и защиты интеллектуальной собственности относительно развита, существуют законные способы формального и альтернативного разрешения споров, а также созданы новые институты, такие как Суд Международного финансового центра «Астана» (МФЦА). С другой стороны, компании-респонденты продолжают выражать обеспокоенность, особенно в отношении предсказуемости и беспристрастности решений.

Разрыв между фактическим опытом предприятий и формальными положениями, которые должны обеспечивать их защиту, является одним из основных поводов для беспокойства. Как и в других областях экономической политики, влияющих на частный сектор, предсказуемость принудительного исполнения договоров является одним из основных факторов, определяющих инвестиционную привлекательность страны (North, 1990[4]) (La Porta et al., 1997[5]). Несмотря на то что новые институты, такие как МФЦА, могут стать полезным дополнением к рамочным правовым условиям для ведения бизнеса, существует риск, что такие специальные центры останутся исключением в правовом ландшафте. Уверенность иностранной компании в высокой компетентности судей общего права может повысить привлекательность Казахстана в качестве инвестиционного направления, однако эта привлекательность будет значительно снижена, если инвестор будет считать, что правовой ландшафт, в котором ведут свою деятельность его потенциальные поставщики и клиенты, лишен обещанной им предсказуемости.

5.3.1. Правовая база для принудительного исполнения договоров и урегулирования споров

В Казахстане имеется четкая хорошо развитая правовая база для принудительного исполнения договоров и урегулирования споров. Правовая основа для разрешения договорных споров четко изложена в Статье 27 Гражданского кодекса (ГК), которая предусматривает, что иностранные инвесторы и отечественные предприятия могут обращаться за разрешением споров либо в суды Казахстана, либо в международный арбитраж, причем суды Казахстана по закону обязаны приводить в исполнение статьи договоров об арбитраже (ст. 501, 502, 503 ГК) (Republic of Kazakhstan, 2005[6]), а также решения арбитражного суда. Казахстан подписал Нью-Йоркскую конвенцию 1958 г. «О признании и приведении в исполнение иностранных арбитражных решений».

В последние годы работа правительства была направлена на повышение процессуальной эффективности судебной системы, которая была в значительной степени оптимизирована. Городской суд Астаны и Верховный суд являются единственными судами в Казахстане, рассматривающими дела по инвестиционным спорам, а правительство создало при Верховном суде Специализированную судебную коллегию по разрешению споров, связанных с исполнением взаимных обязательств по инвестиционным договорам между крупными инвесторами и государственными органами (OECD, 2018[7]). Коллегия состоит из семи судей Верховного суда, специализирующихся на инвестиционных спорах, и действует в качестве суда первой инстанции (International Tax and Investment Center, 2016[8]). Кроме того, в Предпринимательском кодексе и Законе о медиации была закреплена правомерность использования широкого ряда механизмов альтернативного урегулирования споров (АУС) между двумя частными сторонами.

Предсказуемое исполнение договоров с государственными учреждениями важно для расширения роли частного сектора в рамках государственно-частного партнерства (ГЧП) и при закупках, то есть в областях, которые имеют первостепенное значение для решения таких вопросов, как рост объемов частных и иностранных инвестиций в устойчивую инфраструктуру. Непредсказуемость исполнения договоров с государственными органами является ключевой проблемой, влияющей на способность и желание предприятий заключать соглашения о государственно-частном партнерстве и участвовать в государственных закупках с правительством или другими государственными органами. Осознание того, что государственные органы не исполняют договорные обязательства из-за давления, вызванного внутренними экономическими условиями, может подорвать доверие бизнеса и нанести ущерб репутации государства как надежного партнера, снижая привлекательность Казахстана в качестве объекта инвестиций. (OECD, 2021[1]).

На решение этой проблемы была направлена работа в рамках программы Верховного суда «7 камней правосудия». Основное внимание уделялось качеству судебных решений для повышения эффективности и последовательности судебных решений, а также обеспечения роста доверия бизнеса и граждан к судебным органам. В качестве первого шага Верховный суд разработал шаблон решения для руководства процессом составления судебных решений и повышения его надежности. Кроме того, реформа направлена на повышение квалификации и наращивание потенциала судебного персонала путем разработки новой системы подбора кадров и надзора за судебными органами при Высшем судебном совете. Основное внимание уделяется отбору и удержанию компетентных судей, а также расширенному обучению составлению судебных решений в соответствии с международными стандартами.

Как отмечалось выше, коррупция является сквозной проблемой для делового сообщества, касающейся как судебной системы, так и других областей. Обеспокоенность по поводу коррупции и профессиональной честности судей все еще оказывает отрицательное воздействие на уровень доверия бизнеса. К основным проблемам в данном контексте относятся: нехватка гарантий занятости для судебного персонала из-за отсутствия штатных должностей и низкого уровня оплаты труда; политический надзор за судебными решениями со стороны председателей судов или прокуроров; отсутствие автоматизированного управления делами (OECD, 2017[9]). Такие проблемы могут препятствовать приходу иностранных инвесторов в Казахстан, а отечественные компании могут быть лишены стимулов для разрешения споров через официальные инстанции.

Защита прав интеллектуальной собственности (ИС) является важным компонентом здорового делового климата и может играть ключевую роль в привлечении инвесторов с запатентованными технологиями. Нормативно-правовая база для защиты прав ИС в Казахстане со временем значительно укрепилась, не в последнюю очередь благодаря гармонизации передовой международной практики в рамках вступления Казахстана в ВТО и ратификации договоров Всемирной организации интеллектуальной собственности (ВОИС).

Несмотря на масштабные законодательные положения по обеспечению гарантий ПИС (Гражданский кодекс, Закон о патентах и Закон об авторских и смежных правах), правоприменительная деятельность осуществляется через гражданские и уголовные суды, где судьи не обладают специальными знаниями в области ПИС. В стране отсутствует специальное государственное учреждение, которое отвечало бы за урегулирование споров в отношении ПИС, и нет достоверных данных о том, что государственные организации, которые играют роль в связанных с ПИС спорах, имеют четко определенные обязанности и функции.

5.3.2. Расширение практики по применению альтернативных способов разрешения споров

В Казахстане начата разработка комплексной правовой базы для альтернативного урегулирования споров (АУС), что приближает страну к передовой международной практике и правовым стандартам. Закон об арбитраже, который регулирует разрешение споров как для отечественных, так и для международных предприятий, привел национальное законодательство в соответствие с Типовым законом Комиссии ООН по праву международной торговли (ЮНСИТРАЛ) о международном торговом арбитраже, Нью-Йоркской конвенцией о признании и приведении в исполнение иностранных арбитражных решений и Европейской конвенцией о внешнеторговом арбитраже. Тем не менее инвесторы указывают на ряд недостатков в правовых нормах, регулирующих процессы инициирования и ведения арбитражных процедур, особенно в части беспристрастности необходимых институтов и прозрачности их отношений со сторонами – как государственными, так и частными (OECD, 2021[1]). С 2017 г. Верховный суд придает первостепенное значение развитию АУС и медиации в рамках программы «7 камней правосудия»: в начале 2019 г. запущены пилотные программы медиации при посредничестве суда и внесудебной медиации, дополненные информационно-просветительскими мероприятиями в целях повышения осведомленности граждан о возможностях медиации (OECD, n.d.[10]).

В то же время система требует дальнейшего развития, и остаются вопросы, связанные с беспристрастностью процессов АУС, в частности в спорах между предприятиями частного сектора и государственными организациями. Для разрешения споров между государственными организациями и местными предприятиями первым необходимо получить согласие соответствующего министерства. Учитывая высокую долю государственных предприятий среди средних и крупных компаний, это требование служит препятствием для арбитражных процессов (NCE "Atameken", 2019[11]). В последнем Обзоре инвестиционной политики Казахстана в 2017 г. ОЭСР отметила, что на тот момент медиация не получила широкого распространения, хотя и предусмотрена в законодательстве как допустимое средство разрешения споров (OECD, n.d.[10]). Для обеспечения необходимых инвесторам ясности и определенности необходимо, чтобы право на возбуждение арбитражного разбирательства было закреплено в договоре заранее, а не вводилось, когда стороны уже вовлечены в спор. В то же время, по аналогии с другими странами СНГ, право Верховного суда отменять арбитражные решения под предлогом «надзора» за недобросовестной практикой ограничивает правовую определенность процесса, снижая его привлекательность для международных и отечественных предприятий.

Правительство ввело позицию бизнес-омбудсмена – Уполномоченного по защите прав предпринимателей Казахстана при Национальной палате предпринимателей. Этот институт может сыграть важную роль во внесудебном урегулировании споров (OECD, 2018[12]). Уполномоченный принимает жалобы от предпринимателей на несправедливое обращение со стороны государственных органов, включая случаи недобросовестного управления и несправедливого правоприменения, например, неоправданно частый аудит или проверки, необоснованные штрафы и наказания, угрозы и акты возмездия со стороны должностных лиц. Кроме того, Уполномоченный направляет рекомендации в государственные органы и может рекомендовать разбирательство в отношении соответствующего государственного органа. С 2016 г. по 2018 г. Уполномоченному поступило 17 053 обращения, 46 % из которых получили полное или частичное удовлетворение (OECD, 2021[1]). С каждым годом число жалоб, поступающих к бизнес-омбудсмену, снижается, соответственно, наблюдается тенденция к уменьшению числа обращений (NCE "Atameken", 2019[11]). Однако это также может быть связано со снижением результативности обращений и первоначальным накоплением числа жалоб. Большинство споров касаются земельных, налоговых, правоохранительных вопросов и государственных закупок, а остальные споры в основном связаны с административными барьерами, инвестициями или кредитами (Ombudsman for the Protection of the Rights of Entrepreneurs of Kazakhstan, 2019[13]). Шестьдесят процентов респондентов оценили создание института бизнес-омбудсмена как достаточно полезное или очень полезное нововведение для иностранных инвесторов; однако 37 % не смогли дать оценку такой мере.

Тем не менее остается озабоченность по поводу правового регулирования, особенно в отношении исполнения решений международного арбитража национальными судами. (EBRD, 2015[14]; World Justice Project, 2019[15]; OECD, n.d.[10]). Несмотря на соответствующее требование закона, известны случаи возникновения проблем с исполнением решений. Для обеспечения разрешения споров правительство расширило перечень возможностей для альтернативного урегулирования споров. При Международном финансовом центре «Астана» (МФЦА) создан Международный арбитражный центр (МАЦ) по гражданским и коммерческим спорам, работающий на основе английского права, первый в своем роде институт в Центральной Азии, обеспечивающий международный арбитраж. На вопрос об эффективных мерах, принятых для оказания помощи иностранным инвесторам, 70 % участников опроса посчитали, что создание МФЦА было достаточно полезным или очень полезным. Однако возможности МАЦ до сих пор использовались слишком редко, чтобы объективно оценить его эффективность в рассмотрении споров: с момента своего создания в 2018 г. в центре рассмотрено 1743 арбитражных и медиативных дела (IAC, 2023[16]). Кроме того, для формирования более широкой культуры арбитража в Казахстане с помощью МАЦ правительству следует обеспечить обмен передовым опытом с национальными судами, а также обеспечить инвесторам и предприятиям гарантии того, что местные суды будут исполнять решения МАЦ.

Список литературы

Council of Europe (2019), *Action Document for EU-Central Asia Rule of Law Programme*, https://rm.coe.int/ca-project-one-page-summary/16809fb95a. [23]

EBRD (2015), *Business Environment and Enterprise Performance Survey (BEEPS) V: Kazakhstan*, https://beeps-ebrd.com/wp-content/uploads/2015/09/kazakhstan.pdf. [14]

IAC (2023), *International Arbitration Centre*, AIFC, Astan, https://iac.aifc.kz/en. [16]

International Tax and Investment Center (2016), *Kazakh Supreme Court Specialized Board on Investor Disputes*, https://www.iticnet.org/blog/2016/01/07/kazakh-supreme-court-specialized-board-on-investor-disputes. [8]

ITF (2019), “Enhancing Connectivity and Freight in Central Asia”, *International Transport Forum Policy Papers*, No. 71, OECD Publishing, Paris, https://doi.org/10.1787/0492621a-en. [2]

La Porta, R. et al. (1997), *Legal Determinants of External Finance*, https://doi.org/10.1111/j.1540-6261.1997.tb02727.x. [5]

NCE "Atameken" (2019), *National Report on Entrepreneurship in Kazakhstan*. [11]

North, D. (1990), *Institutions, Institutional Change, and Economic Performance*, Cambridge University Press, https://doi.org/10.1017/CBO9780511808678. [4]

OECD (2023), *OECD Trade Facilitation Indicators*, Uzbekistan, OECD Publishing, Paris, https://www.oecd.org/trade/topics/trade-facilitation/. [3]

OECD (2021), *Improving the Legal Environment for Business and Investment in Central Asia*, OECD Publishing, Paris, https://www.oecd.org/eurasia/Improving-LEB-CA-ENG%2020%20April.pdf. [1]

OECD (2021), *Improving the Legal Environment for Business and Investment in Central Asia*, OECD Publishing, Paris, https://www.oecd.org/eurasia/Improving-LEB-CA-ENG%2020%20April.pdf. [17]

OECD (2021), *Informality and COVID-19 in Eurasia: The Sudden Loss of a Social Buffer*, OECD Eurasia Policy Insights, OECD Publishing, Paris, https://www.oecd.org/eurasia/COVID-19-informality-Eurasia.pdf. [18]

OECD (2021), *OECD Skills Strategy Kazakhstan*, OECD Skills Studies, OECD Publishing, Paris, https://www.oecd-ilibrary.org/docserver/39629b47-en.pdf?expires=1680001847&id=id&accname=ocid84004878&checksum=D3595A6C0999F042419701A870241E13. [20]

OECD (2020), *OECD investment policy responses to COVID-19*. [25]

OECD (2019), *OECD Trade Facilitation Indicators*, http://www.oecd.org/trade/topics/trade-facilitation/. [26]

OECD (2018), *Reforming Kazakhstan: Progress, Challenges and Opportunities*. [7]

OECD (2018), *SME and Entrepreneurship Policy in Kazakhstan*. [12]

OECD (2017), *4th round of monitoring of the Istanbul Anti-Corruption Action Plan: Kazakhstan*. [9]

OECD (2017), *Anti-Corruption Reforms in Kazakhstan: 4th Round of Monitoring of the Istanbul Anti-Corruption Action Plan*, OECD Publishing, Paris, https://www.oecd.org/corruption/acn/OECD-ACN-Kazakhstan-Round-4-Monitoring-Report-ENG.pdf. [19]

OECD (n.d.), *OECD Investment Policy Reviews*, OECD Publishing, Paris, https://doi.org/10.1787/19900910. [10]

OECD (n.d.), *OECD Policy Responses to Coronavirus (COVID-19)*, OECD Publishing, Paris, https://doi.org/10.1787/5b0fd8cd-en. [29]

OECD (n.d.), *OECD Policy Responses to Coronavirus (COVID-19)*, OECD Publishing, Paris, https://doi.org/10.1787/5b0fd8cd-en. [30]

Ombudsman for the Protection of the Rights of Entrepreneurs of Kazakhstan (2019), *Annual Report*, https://ombudsmanbiz.kz/details/ndownload.php?fn=31&lang=rus. [13]

Republic of Kazakhstan (2015), *Law on the High Judicial Council (No. 436-IV)*, https://www.venice.coe.int/webforms/documents/default.aspx?pdffile=CDL-REF(2018)050-c. [22]

Republic of Kazakhstan (2005), *Civil Code of Kazakhstan*, http://adilet.zan.kz/eng/docs/K940001000_. [6]

Transparency International (2018), *Customs corruption in Kazakhstan: a trade mirror analysis*, https://knowledgehub.transparency.org/product/customs-corruption-in-kazakhstan-a-trade-mirror-analysis. [27]

US Department of State (2019), *2019 Investment Climate: Kazakhstan*, https://www.state.gov/reports/2019-investment-climate-statements/kazakhstan/. [24]

World Bank (2019), *World Bank Indicators*, https://data.worldbank.org/indicator. [21]

World Justice Project (2019), *WJP Rule of Law Index*, https://www.worldjusticeproject.org/rule-of-law-index/ (accessed on 8 July 2020). [15]

WTO (2023), *Notification Requirements: Trade Facilitation Agreement*, WTO, Geneva, https://notifications.wto.org/en/notification-requirements/trade-facilitation-agreement. [28]

Примечания

[1] Как и в других разделах настоящего отчета процентные показатели рассчитаны на основании ответов 27 компаний-респондентов и четырех организаций-респондентов (например, торговых представительств или бизнес-ассоциаций).

[2] В рамках процесса вступления в ВТО страна должна взять на себя определенные обязательства в различных областях для обеспечения соответствия нормам и правилам ВТО. Эти обязательства делятся на три категории (A, B и C). Обязательства категории A относятся к выполнению положений ВТО страной сразу после вступления; обязательства категории B относятся к переходным периодам, которые могут потребоваться стране для выполнения определенных положений ВТО: присоединяющаяся страна получает время для внесения изменений в национальные законы и правила для обеспечения соответствия требованиям; обязательства категории C относятся к технической помощи и мерам по наращиванию потенциала с учетом того, что некоторым присоединяющимся странам может потребоваться дополнительная поддержка и ресурсы для исполнения соглашений ВТО (WTO, 2023[28]).

6 Содействие и стимулирование иностранных инвестиций: Акцент на нормативно-правовые барьеры и конкуренцию

Несмотря на международные политические и экономические потрясения, участвовавшие в опросе респонденты в большинстве своем планировали сохранить свою деятельность на территории Казахстана или проявляли заинтересованность в ее возможном расширении. Положительная оценка респондентов внушает оптимизм, однако фактическая способность правительства привлекать и удерживать иностранные инвестиции по-прежнему ограничивается нормативными барьерами и проблемами, связанными с конкуренцией.

6.1. Результаты опроса и обзорный анализ

В наиболее позитивном ключе респондентами опроса оценены меры экономической политики, направленные на оказание поддержки иностранным инвесторам. Флагманские проекты, такие как создание Международного финансового центра «Астана» и учреждение специальных экономических зон, вошли в тройку лидеров среди мер экономической политики, оцененных респондентами как очень полезные (Рисунок 6.1). Большинство респондентов также назвали очень или достаточно полезными ряд других мер экономической политики и реформ – от создания Совета иностранных инвесторов до услуг по продвижению и содействию инвестициям. Для правительства, продолжающего реализацию своей инвестиционной программы, обнадеживающим является тот факт, что меры политики, направленные на содействие приходу и ведению деятельности иностранных инвесторов, положительно воспринимаются деловым сообществом.

О бесполезности каждого из показателей заявило лишь небольшое число опрошенных. Таким образом, результаты опроса свидетельствуют об эффективности разработки и верной ориентированности мер политики, которые в разной степени содействовали приходу и ведению деятельности иностранных предприятий в стране. В некоторых случаях респонденты, возможно, не получили непосредственной выгоды от мер политики, отраженных в показателе, например, специальных экономических зон или услуг по продвижению инвестиций, однако положительная оценка таких мер свидетельствует о том, что деловое сообщество осознает и высоко оценивает положительное влияние широкого спектра мер экономической политики.

Затронутые в опросе меры экономической политики отражают последовательную работу правительства по облегчению ведения бизнеса в Казахстане для иностранных предприятий. Создание благоприятной для инвесторов нормативно-правовой базы, позволяющей иностранным компаниям вносить вклад в развитие местного частного сектора и экономики в целом, является ключевой целью правительства на протяжении десятилетий. В 2022 г. эта цель была подтверждена в новой «Концепции инвестиционной политики Республики Казахстан до 2026 г.», в которой обозначена основная задача по увеличению притока ПИИ до 25,5 млрд долларов США к 2026 г. (здесь и далее «Концепция») (Kazakh Invest, 2022[1]). В основе Концепции лежало признание необходимости увеличения инвестиций в несырьевые сектора экономики. На первый взгляд, рамочные условия экономической политики правительства отвечают потребностям тех типов компаний, которые стремится привлечь страна.

Рисунок 6.1. Оценка предприятиями хода реформ в Казахстане

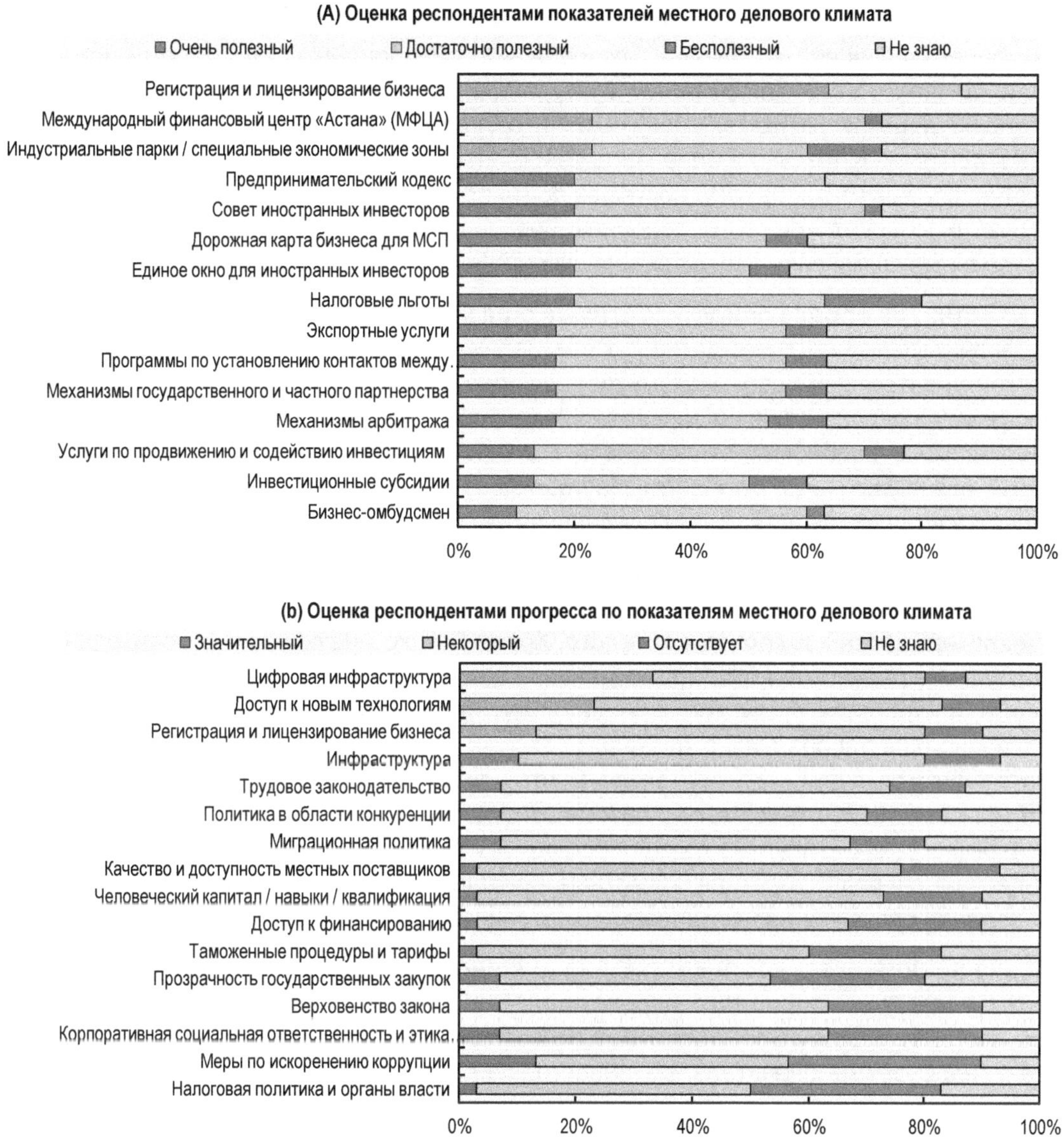

Примечание: В процентах от общего количества респондентов.
Источник: Опрос ЕС-ОЭСР «Оценка делового климата в Казахстане»

Тем не менее беспокойство правительства могут вызвать два вопроса. Первый касается относительной нехватки прогресса в деле улучшения общих формальных и практических условий для деятельности предприятий, как показано на (Рисунок 6.1 b) Пятнадцать и более процентов респондентов отметили значительный прогресс лишь в 4 из 16 включенных в опрос показателей, относящихся к деловому климату: цифровая инфраструктура, доступ к новым технологиям, регистрация и лицензирование бизнеса и меры по ликвидации коррупции. Несмотря на то что респонденты наблюдают определенный прогресс в каждой из этих областей, очевидно, что далеко не у всех предприятий значительно изменилось отношение к ряду основных факторов ведения бизнеса в Казахстане, например, к конкуренции.

Вторая проблема заключается в том, что влияние реформ по поддержке иностранных инвесторов на фактические потоки инвестиций останется ограниченным, если такие

реформы не будут сопровождаться сопутствующими мерами по развитию конкуренции и рыночных отношений. Субпоказатель по конкурентной политике подчеркивает важность наличия мер по стимулированию конкуренции наряду с более простыми реформами, такими как упрощение порядка лицензирования и выдачи разрешений. Респонденты в целом признают, что институциональная основа для развития конкуренции отвечает требованиям, однако когда речь заходит об отдельных аспектах политики в области конкуренции и ее реализации, они высказываются в значительно более негативном ключе. Например, около 62 % респондентов указывают на слабый контроль государства за доминированием на рынке и монопольной практикой в экономике, в то время как около половины респондентов говорят о неэффективности борьбы государства с картелями и концентрацией рынка (48 % и 52 % соответственно).

Ответы участников опроса свидетельствуют о разных темпах реализации реформ. С одной стороны, значительный прогресс достигнут в модернизации рамочных условий, необходимых для будущей конкурентоспособности экономики: расширен перечень цифровых услуг, улучшен доступ к технологиям, усовершенствована цифровая инфраструктура. В то же время основополагающие и зачастую сквозные проблемы, относящиеся к деловому климату, разрешаются медленнее. В результате возникает риск того, что заслуживающие высокой оценки результаты работы правительства в одних областях будут сведены на нет отсутствием прогресса в других.

Само по себе инвестиционное регулирование может не являться барьером для иностранных инвестиций: препятствия могут создаваться в смежных областях политики, формирующих деловой климат в более широком контексте. Хотя в Казахстане созданы относительно открытые законодательные рамки для ПИИ, нормативные барьеры для инвестиций не исчезли. Например, инвестиции и торговля услугами по-прежнему являются сферами с высоким уровнем государственного регулирования, а ключевые сетевые сектора экономики остаются под контролем государства. Это означает, что при входе в тот или иной сектор количество ограничений для предприятия может быть относительно небольшим, однако, начав работу, оно может столкнуться с целым рядом проблем, связанных с регулированием и конкуренцией. Хотя многие из этих проблем могут в первую очередь затрагивать местные предприятия, они также усложняют практические аспекты ведения бизнеса в Казахстане для иностранных компаний.

Повышение привлекательности Казахстана для иностранных инвесторов особенно важно в контексте зеленого и цифрового переходов. Чтобы частный сектор мог сориентироваться в процессе двойного перехода к устойчивому развитию и цифровизации и извлечь из него выгоду, Казахстану необходимы значительные инвестиции во многие из наиболее закрытых секторов экономики – энергетику, производство электроэнергии, транспорт, телекоммуникации, инфраструктуру. Таким образом, решающее значение для реализации долгосрочных планов правительства в области развития имеет снижение остающихся барьеров для инвестиций в указанные сектора и решение смежных вопросов экономической политики, влияющих на общую привлекательность делового климата.

6.2. В Казахстане создана прочная формальная рамочная основа для инвестиций

Правительство значительно либерализовало нормативно-правовую базу для иностранных инвестиций. В Казахстане снято значительное количество ограничений, связанных с инвестициями, и большая часть экономики формально открыта для ПИИ. По Индексу регуляторных ограничений ПИИ, разработанному ОЭСР, Казахстан демонстрирует несколько лучшие показатели, чем в среднем по странам, не входящим в Организацию, хотя его уровень все еще почти в два раза выше, чем в среднем по ОЭСР.

Правительство разработало в целом надежную правовую основу для инвестиций и реализовало ряд реформ для стимулирования инвестиций и предпринимательской деятельности. В «Национальной инвестиционной стратегии на 2018–2022 гг.» правительство изложило меры по улучшению инвестиционного климата, планы по приватизации и более широкую экономическую инвестиционную политику с целью увеличения общего притока ПИИ на 25 % к 2022 г (OECD, 2021[2]). В 2022 г. правительство снова обновило стратегические цели инвестиционной политики, приняв «Концепцию инвестиционной политики Республики Казахстан до 2026 г.», которая заменила целевой показатель увеличения притока ПИИ в процентном выражении на фиксированную сумму в размере 25,5 млрд долларов США к 2026 г.

В последние годы был создан ряд институтов и платформ для содействия приходу иностранных инвесторов и более эффективного разрешения проблем, с которыми они сталкиваются. В 2019 г. правительство создало *Координационный совет по привлечению иностранных инвестиций* под председательством премьер-министра, который также выступает в качестве омбудсмена для инвестиционного сообщества. Комитет по инвестициям при Министерстве иностранных дел и действующий под его эгидой орган по продвижению инвестиций Kazakh Invest занимаются вопросами инвестиционной политики и взаимодействуют с потенциальными и действующими инвесторами. *Центры обслуживания инвесторов* Kazakh Invest были признаны очень полезными 13 % респондентов и достаточно полезными 57 % респондентов. Ответственными за управление отношениями с международными организациями и глобальными органами, такими как ВТО, являются Министерство национальной экономики и Министерство торговли и интеграции. В 2018 г. с целью создания в Казахстане крупного регионального финансового центра, который мог бы обслуживать более широкий регион Центральной Азии, был основан Международный финансовый центр «Астана» (МФЦА).

Инвестиционная деятельность регулируется Предпринимательским кодексом (здесь и далее «ПК»), введенным в 2016 г., который заменил Закон «Об инвестициях» 2003 г. и ряд других законодательных актов, связанных с предпринимательской деятельностью. ПК более подробно описывает гарантии защиты прав и собственности для предприятий и инвесторов, в частности, от принудительного отчуждения имущества и злоупотреблений должностными полномочиями. В нем предусмотрены более последовательное и прозрачное применение правил, защита различных категорий инвестиций и стабильность условий договоров между инвесторами и государством (OECD, 2021[2]).

В Казахстане также введено требование о том, что любые предлагаемые законы или поправки к законам должны выноситься на общественное обсуждение. Положения ПК дополняются Законом «О нормативных правовых актах» (пп. 8 п. 4. ст. 18), которая предусматривает, что любые законодательные поправки или проекты размещаются для публичного обсуждения на интернет-портале, прежде чем будут представлены на рассмотрение и согласование в соответствующие государственные учреждения (Republic of Kazakhstan, 2019[3]). В целях быстрого выявления и решения проблем инвесторов в качестве диалоговой платформы между государственным и частным секторами на высоком уровне правительством был создан Совет иностранных инвесторов (СИИ). Двадцать процентов респондентов считают работу СИИ очень полезной, а еще 50 % – достаточно полезной.

Тем не менее до сих пор неясным остается уровень доступности информации о законодательных требованиях для предприятий, равно как и степень прозрачности процесса принятия государственными учреждениями решений, связанных с деятельностью компаний. Например, СИИ, основной консультационный орган для иностранных инвесторов, не публикует отчетов о работе и официальных документов своих рабочих групп. Кроме того, в свободном доступе отсутствует информация об отраслевых ограничениях для международных инвесторов, а отсутствие информации на английском языке, несмотря на недавнее создание онлайн-портала, может служить неформальным барьером для иностранных инвесторов.

6.2.1. Казахстан имеет хорошие показатели по Индексу регуляторных ограничений ПИИ ОЭСР

Индекс регуляторных ограничений ПИИ ОЭСР измеряет законодательные ограничения, применяемые к иностранным инвестициям в ряде секторов. Законодательные ограничения могут охватывать ряд областей и в целом определяют степень дискриминационных мер, которые воздействуют на иностранных инвесторов как с точки зрения доступа на рынок, так и национального режима. К таким мерам могут относиться ограничения в отношении доли иностранного участия в акционерном капитале, скрининг инвестиций, ограничения по найму персонала и операционные ограничения (например, в отношении прав собственности на недвижимое имущество, репатриации капитала и т. д.). Индекс не является систематической оценкой инвестиционного климата, и существует ряд параметров, связанных с экономической политикой, которые могут влиять на привлекательность ПИИ и в то же время не учитываются Индексом. Казахстан демонстрирует достаточно высокие показатели по данному индикатору в сравнении со средними показателями государств – членов ОЭСР и стран, не входящих в ОЭСР, и является второй наиболее открытой экономикой в Центральной Азии с точки зрения законодательства.

По данным ОЭСР, приток ПИИ по отношению к ВВП в странах с относительно открытым режимом регулирования, как правило, больший по сравнению с другими странами (Mistura and Roulet, 2019[4]). Тем не менее, как показывают относительно высокие показатели Казахстана по этому показателю (Рисунок 6.2), открытость регулирования для инвестиций не гарантирует приток инвестиций. На потоки инвестиций влияет целый ряд других факторов, включая параметры, связанные с экономической политикой, деловой климат, а также местоположение, обеспеченность ресурсами, доступ к рынкам и размер рынка.

Рисунок 6.2. Индекс регуляторных ограничений ПИИ ОЭСР: Казахстан (2020 г.)

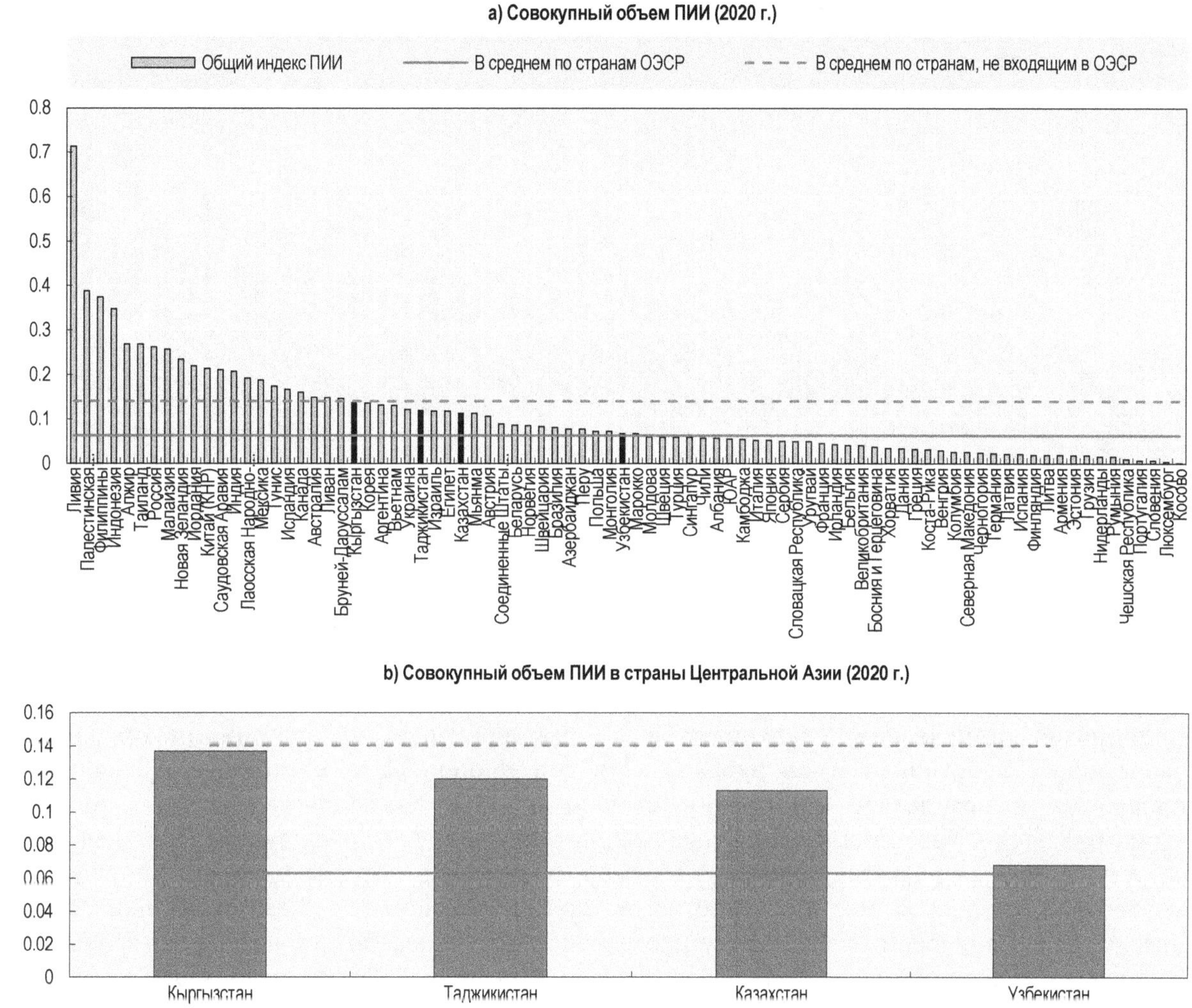

Источник: (OECD, 2023[5])

В некоторых отраслях ограничения остаются, в частности в таких секторах услуг, как СМИ, воздушный транспорт, банковское дело и страхование, а также фиксированная электросвязь, несмотря на то что существующие ограничения в отношении доли иностранного участия в воздушном транспорте и фиксированной электросвязи были сняты в начале 2016 г., частично в рамках вступления страны в ВТО (Рис. 6.3) (OECD, 2021[2]). Ограничения в указанных секторах также соответствуют выводам, предложенным в других аналитических исследованиях ОЭСР, посвященных государственной собственности и контроле и ограничениях в сфере торговли услугами, о чем речь пойдет ниже. Иностранные инвесторы, ведущие деятельность в сырьевых секторах, также сталкиваются с ограничениями, связанными с использованием сельскохозяйственных и лесных земель. Хотя иностранные землепользователи не могут получить прав собственности на землю, частная собственность на земельные участки разрешена, если она связана с предпринимательской деятельностью. В свете вступления страны в ВТО в Казахстане продолжается реализация реформ, одной из которых стала реформа 2020 г., позволившая иностранным банкам и страховым компаниям открывать филиалы в Казахстане (OECD, 2022[6]). После завершения реформ Казахстан приблизится к среднему значению ОЭСР по уровню ограничительных мер. Иностранное участие в приватизации не ограничено.

Рисунок 6.3. Индекс регуляторных ограничений ПИИ ОЭСР: Казахстан (2020 г.)

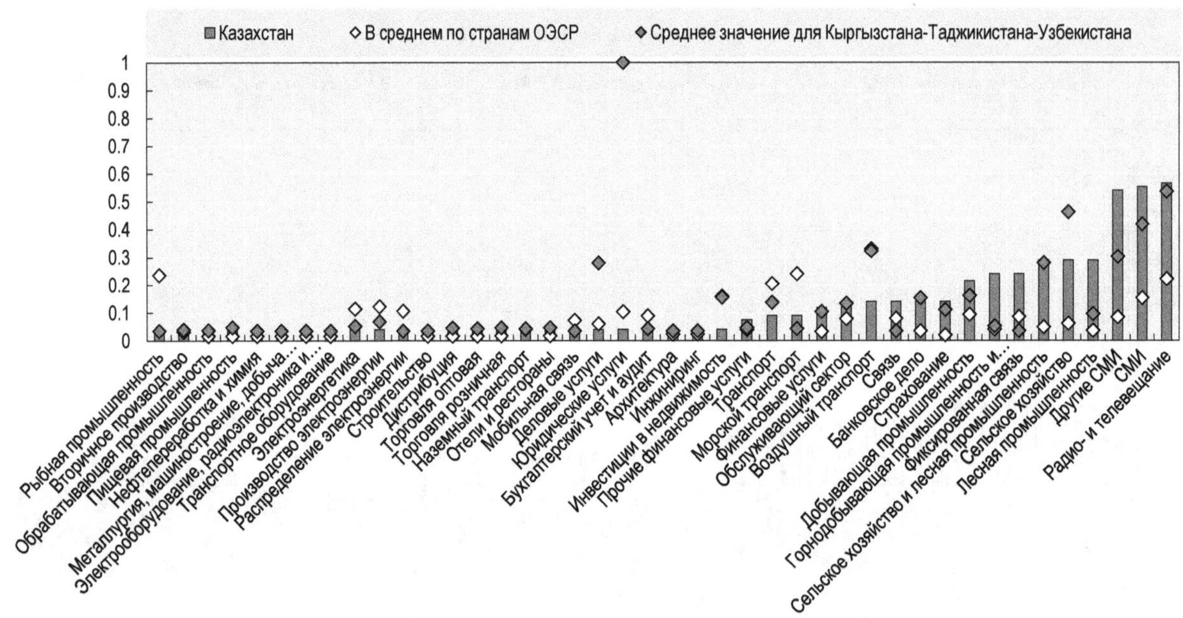

Источник: (OECD, 2023[5])

Предприятия по-прежнему сталкиваются с обременительными условиями при найме руководящих работников из-за рубежа, хотя эта процедура в настоящее время также упрощается в результате вступления страны в ВТО. Казахстанская визовая политика рассматривается инвесторами как излишнее препятствие для инвестиций, поскольку она предусматривает ряд особых условий, например, проведение исследования рынка труда для выявления доступности местных работников при привлечении в Казахстан иностранных менеджеров и специалистов в рамках внутрикорпоративного перевода; ограничения на количество иностранцев для каждой категории корпоративных сотрудников; нормативные квоты на выдачу разрешений на работу; а также преференциальный режим для местных поставщиков в секторе недропользования (OECD, 2018[7]).

6.2.2. Правительство решило некоторые давние проблемы в сфере регулирования, однако многие вопросы нормативно-правового регулирования все еще предстоит решить

В данном разделе описан ряд проблем в сфере регулирования, имеющих большое значение для частного сектора в контексте диверсификации и декарбонизации. В центре внимания – ряд улучшений и проблем в нормативно-правовом регулировании для инвесторов, которые имеют непосредственное отношение к инвестиционной политике.

Новый Экологический кодекс обеспечивает большую ясность в вопросах экологической ответственности компаний

В январе 2021 г. правительство ввело новый Экологический кодекс, целью которого является регулирование деятельности любого физического или юридического лица, которое потенциально может оказать отрицательное воздействие на окружающую среду, например, выбросы углерода или другие загрязнения. Экологический кодекс также поддерживает внедрение в стране наилучших доступных технологий (НДТ), приближая нормативно-правовую базу Казахстана в области управления природоохранной деятельностью к передовым практикам ОЭСР. В контексте ориентированности на декарбонизацию Экологический кодекс обеспечивает необходимую ясность для предприятий нефтегазовой, горнодобывающей и металлургической, химической и электроэнергетической отраслей, на которые приходится большая доля загрязнений в стране (IEA, 2022[8]).

Внедрение НДТ в основном опирается на сочетание финансовых и нефинансовых стимулов. В соответствии со Статьей 127, за выбросы загрязняющих веществ в атмосферу теперь может взиматься плата; несоблюдение НДТ влечет за собой взимание платы, размер которой со временем увеличивается. Кроме того, согласно Статье 111, для использования объектов с валовыми выбросами на уровне 1000 тонн и более необходимо *комплексное экологическое разрешение*. Для получения такого разрешения предприятие должно обосновать использование одного или нескольких НДТ.

Ответы участников опроса показывают, что компании активно пытаются привести свою деятельность в соответствие с экологическими требованиями. Почти половина (48 %) респондентов указали, что уже применяют технологии для снижения выбросов, а 42 % используют технологии для повышения энергоэффективности. Кроме того, 26 % респондентов отметили, что они начали отслеживать свой углеродный след, поскольку это предусмотрено Экологическим кодексом.

Остается неопределенность в юридических вопросах, связанных с принудительным отчуждением имущества

Предпринимательский кодекс защищает всех инвесторов от непосредственной экспроприации («национализации и реквизиции»). Ст. 276 предусматривает, что инвесторы могут получить компенсацию за убытки в качестве возмещения за незаконное действие или бездействие правительства. Активы могут быть изъяты лишь в исключительных случаях, обоснованных конкретными причинами (в основном связанными с национальной безопасностью) при условии выплаты причитающейся компенсации в полном объеме. Кроме того, несмотря на то что ПК разрешает государству национализировать или реквизировать имущество только в определенных случаях, в нем нет четкого перечня таких случаев, а также не определен метод расчета размера компенсации

Закон менее четко определяет случаи косвенной экспроприации, когда инвестор все еще имеет право собственности, однако правительственные меры оказывают воздействие на собственность, которое считается равносильным экспроприации. Отсутствие четкой законодательной защиты от косвенной экспроприации может привести к случаям, когда изменения в нормативно-правовом регулировании создают основания для отзыва лицензий или разрешений, лишая бизнес возможности получить компенсацию (OECD, n.d.[9]). При лицензировании природоохранной деятельности предприятия сообщали о случаях, когда нарушения, вызванные неожиданными изменениями в законодательстве, использовались в качестве рычага в переговорах с правительством (OECD, n.d.[9]).

Казахстан подписал несколько международных инвестиционных соглашений (МИС), которые защищают инвесторов от экспроприации без выплаты компенсации и исключают дискриминационное отношение, а также предоставляют доступ к механизмам урегулирования споров между инвесторами и государством. По условиям подписанных Казахстаном МИС, государство может осуществлять экспроприацию исключительно в общественных интересах, на недискриминационной основе, в рамках надлежащей правовой процедуры и при условии быстрой выплаты адекватной и эффективной компенсации (так называемая формула Халла). В отличие от ПК, казахстанские МИС прямо оговаривают возможность косвенной экспроприации, хотя в них и не уточняется, какие нормативные изменения не будут считаться экспроприацией, например, в области общественной безопасности, здоровья и окружающей среды. Такая двусмысленность может сделать Казахстан уязвимым к инициируемым инвесторами спорам в случае, если законодательные изменения влияют на рентабельность или эффективность их деятельности.

Вопрос права собственности на землю продолжает создавать проблемы для некоторых иностранных инвесторов

Земля в Казахстане находится в собственности государства, однако она может быть передана, продана или сдана в аренду физическим или юридическим лицам. Большинство договоров аренды заключаются сроком на 49 лет, хотя в первоначальных редакциях законодательных актов предусматривался срок, равный 99 годам. Земельный кодекс, принятый 20 июня 2003 г. (последние изменения внесены в 2019 г.), устанавливает основания, условия и ограничения для изменения или прекращения права собственности на землю и права землепользования, описывает права и обязанности землевладельцев и землепользователей и регулирует земельные отношения. Земельная реформа в Казахстане, как и в некоторых других странах бывшего Советского Союза, проходила медленно и непросто, особенно в отношении сельскохозяйственных земель.

Иностранным гражданам и юридическим лицам (определяемым как лица с преобладающим иностранным контролем) разрешается владеть землей для целей, связанных с бизнесом (размещение производственных или непроизводственных объектов и земли для обслуживания таких объектов), однако иностранная собственность на сельскохозяйственные и лесные земли запрещена. В целях сокращения доли неиспользуемых земель и повышения эффективности использования обрабатываемых сельскохозяйственных земель правительство в 2015 г. внесло поправки в Земельный кодекс 2003 г., разрешив владение землей иностранцами на срок до 25 лет (ранее 10 лет) и покупку земли частными резидентами для сельскохозяйственных целей. Однако в 2016 г. правительство ввело пятилетний мораторий на применение этих поправок в связи с недовольством населения; в 2021 г. этот мораторий был продлен еще на пять лет. С 2018 г. ведется работа по пересмотру поправок и разработке механизмов для достижения их первоначальной цели: устранения барьеров для более эффективного использования сельскохозяйственных земель.

В 2021 г. был принят новый, гораздо более строгий закон о праве собственности на землю. Он предусматривал полный запрет на передачу и продажу сельскохозяйственных земель иностранным физическим и юридическим лицам. Тем не менее новые законодательные инициативы сопровождаются другими мерами, которые могут обеспечить прозрачность в отношении права собственности на землю в стране, поскольку правительство планирует раскрыть для широкой общественности информацию, хранящуюся в государственном земельном кадастре (Ageleuov, 2021[10]).

Право государства на экспроприацию земли применяется исключительно в обстоятельствах, изложенных в Земельном кодексе. Например, государство вправе экспроприировать землю, если она используется не по назначению или с нарушением закона, или если у государства имеется исключительная потребность в земле при условии, что между государством и землепользователем был достигнут компромисс. Конфликты, связанные с конфискацией земли, возникают на уровне *акиматов*. Земельный кодекс предусматривает, что компенсация может быть как в денежной, так и в неденежной форме (равноценный участок земли). На практике *акиматы* не всегда предлагают равноценную землю (OECD, 2021[2]).

6.3. В Казахстане сохраняется ряд нормативных барьеров для торговли услугами

Хотя в целом нормативно-правовая база для инвестиций в Казахстане является относительно открытой, в стране действует ряд ограничений на потенциальные ПИИ, ориентированные на сектора услуг. Многие из сохраняющихся ограничений касаются важнейших секторов услуг, играющих важную роль в повышении конкурентоспособности экономики в целом. Препятствия для торговли услугами широко распространены во многих государствах – членах ОЭСР и странах, не входящих в Организацию, зачастую из-за некоторой обособленности регулирующих органов в секторах услуг, что может ограничить возможности прогнозирования или учета воздействия регулирования на другие области экономики или всю экономику в целом.

Индекс ограничений в торговле услугами ОЭСР (ИОТУ) дает дополнительное представление о нормативных ограничениях в сферах торговли и инвестиций, которые могут быть не отражены в Индексе регуляторных ограничений ПИИ ОЭСР. Результаты ИОТУ указывают на некоторые из проблем, с которыми сталкиваются инвесторы в Казахстане, а также свидетельствуют о прогрессе, достигнутом страной в либерализации инвестиционного режима после вступления страны в ВТО в 2015 г.

В целом можно сказать, что в Казахстане действуют более жесткие ограничения, чем в среднем по ОЭСР, и он входит в число стран с наиболее жесткими ограничениями из 50 экономик, охваченных индексом (Рисунок 6.4**)**. Этот показатель отражает, в частности, вопросы получения разрешения на работу для иностранных граждан, желающих оказать краткосрочные услуги, сохранение механизмов скрининга иностранных инвестиций, ограниченный доступ к государственным закупкам для иностранных поставщиков услуг (хотя существуют исключения из этого положения в определенных временных рамках), а также вышеупомянутые ограничения на приобретение земли и недвижимости иностранцами.

Рисунок 6.4. Индекс ограничений в торговле услугами ОЭСР (2022 г.)

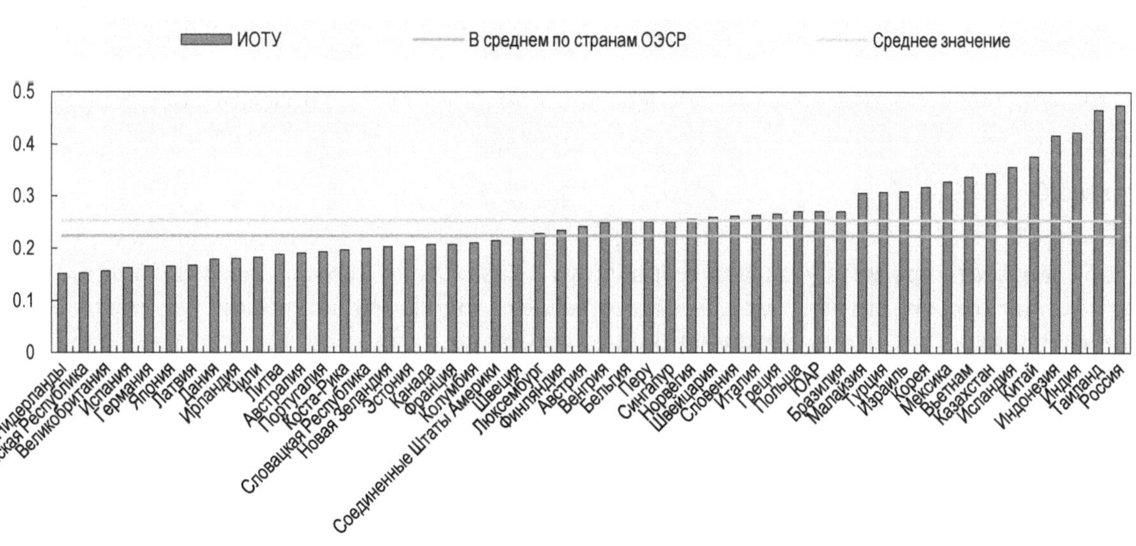

Источник: (OECD, 2022[6])

Тем не менее в последние годы ограничения в торговле услугами были ослаблены, что, скорее всего, отчасти связано с обязательствами страны в рамках вступления в ВТО. Самые высокие уровни либерализации наблюдаются в сфере курьерских услуг (Рисунок 6.5), при этом сектор почтовых услуг стал более открытым для конкуренции после проведенной в 2017 г. реформы, которая отменила регулирование работы почтовой службы в качестве естественной монополии. Благодаря принятому в 2018 г. решению произошла либерализация в секторе страховых услуг в результате отмены требования, согласно которому перестраховочные компании должны быть зарегистрированы в Казахстане. Либерализация произошла и во многих других секторах услуг, хотя и в меньших масштабах.

Рисунок 6.5. Индекс ограничений в торговле услугами ОЭСР: Казахстан (2014–2022 гг.)

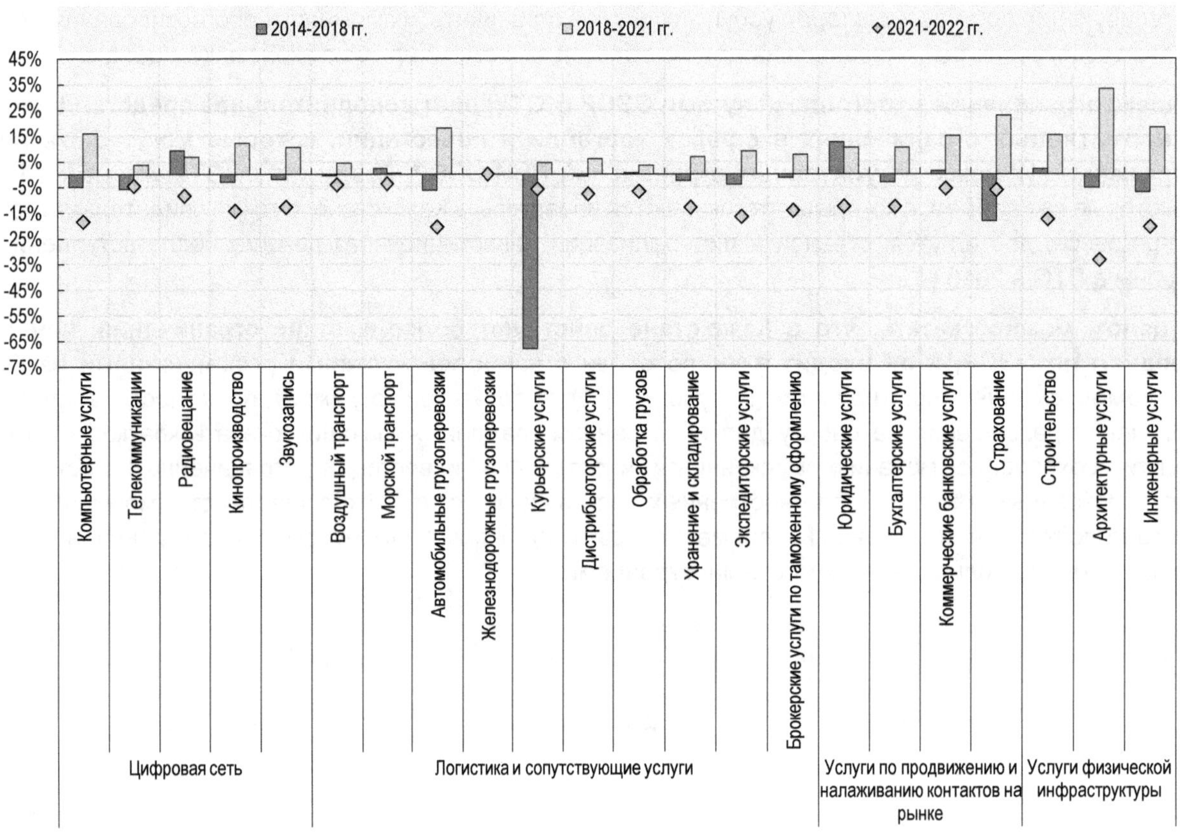

Источник: (OECD, 2022[6])

Наиболее жестко регулируемые сектора услуг в Казахстане относятся к ряду сфер, где меры экономической политики могут значительно улучшить деловой климат как для отечественных, так и для международных компаний. Например, жесткое регулирование все еще сохраняется в сегменте железнодорожных грузовых перевозок, при этом государство обладает полной монополией в этой сфере. Значительные барьеры все еще существуют в секторах телекоммуникаций и банковских услуг (Рисунок 6.6), двух сферах, где Казахстану требуются значительные инвестиции для подготовки частного сектора к переходу к цифровым и зеленым технологиям.

Рисунок 6.6. Индекс ограничений в торговле услугами ОЭСР: Казахстан и среднемировой показатель (2022 г.)

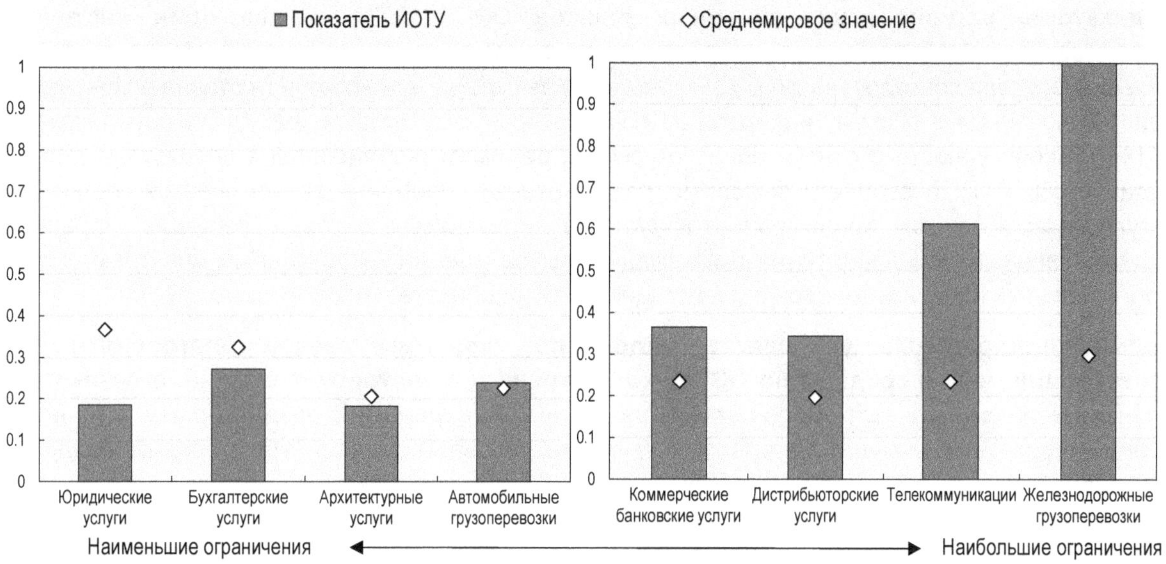

Источник: (OECD, 2022[6])

Уровень инвестиций в телекоммуникационный сектор и общее качество услуг по подключению к сетям остаются невысокими, что отчасти может быть связано с отсутствием конкуренции в отрасли. Казахстан занимает четвертое место по количеству ограничений в телекоммуникационном секторе среди стран, охваченных базой данных ИОТУ. Либерализация сферы телекоммуникаций может помочь снизить барьеры для инвестиций в цифровую инфраструктуру и инфраструктуру связи, необходимую частному сектору для максимального использования возможностей цифрового перехода.

Рисунок 6.7. Индекс ограничений в торговле услугами ОЭСР: Телекоммуникации (2022 г.)

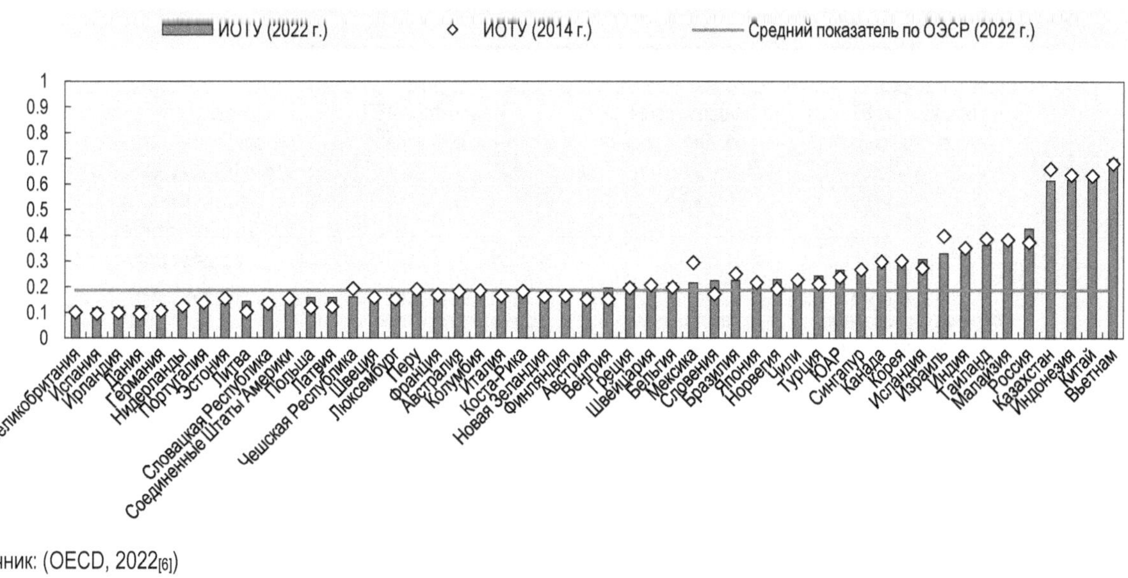

Источник: (OECD, 2022[6])

6.4. Ограничения конкуренции могут снизить эффективность работы по стимулированию инвестиций

Индикаторы регулирования товарных рынков ОЭСР (РТР) – еще один инструмент, используемый ОЭСР для оценки открытости экономики для инвестиций. Индикаторы РТР в большей степени сосредоточены на конкуренции. Казахстан – единственная страна в Центральной Азии, включенная в систему индикаторов РТР, которые в последний раз были опубликованы в 2018 г. В совокупности с относительно открытым режимом регулирования Казахстана для ПИИ индикаторы РТР позволяют выявлять ряд сквозных проблем экономической политики и регулирования, в том числе роль государства в ключевых сетевых секторах, управление государственными предприятиями и искажения, вызванные государственным участием, которые могут повлиять на рынки товаров и инвестиционную привлекательность страны.

Нормативно-правовые условия в целом по экономике менее благоприятны для конкуренции, чем в среднем по ОЭСР, хотя страна демонстрирует схожие, а в некоторых случаях и лучшие показатели по сравнению с другими странами с развивающейся рыночной экономикой. Тем не менее индикаторы высокого уровня скрывают существенные различия в основополагающих областях регулирования. В Казахстане искажения, вызванные участием государства в ряде отраслей, являются гораздо более существенными, чем в большинстве стран ОЭСР. В стране по-прежнему существуют барьеры для доступа внутренних и международных конкурентов – они могут быть ниже, чем в большинстве стран с развивающейся рыночной экономикой, однако превышают средний показатель по ОЭСР.

Наиболее существенным вопросом, на который позволяют пролить свет индикаторы РТР, и который связан с проблемами, поднятыми в ходе опроса, является степень государственной собственности в экономике и уровень прямого государственного регулирования предприятий. Наряду со слабым управлением государственными предприятиями это создает значительный дисбаланс в условиях для ведения бизнеса, который не только влияет на привлекательность страны для иностранных инвесторов и возможности для их выхода на рынок, но также – что весьма важно – может препятствовать эффективному перераспределению ресурсов в экономике из-за особой роли государства в сетевом и финансовом секторах.

Таблица 6.1. Результаты Казахстана по индикаторам РТР низкого уровня

Индикаторы РТР по сравнению со средним значением для ОЭСР, 2018 г.

Индикаторы РТР высокого уровня	Индикаторы РТР среднего уровня	Индикаторы РТР низкого уровня	Показатель Казахстана относительно среднего значения по ОЭСР (выше = менее благоприятные условия для конкуренции)
Искажения, вызванные участием государства	Государственная собственность	Доля государственных предприятий	Высокий Высокий
		Участие государства в сетевых секторах	Очень высокий
		Непосредственный контроль над предприятиями	Очень высокий
		Управление государственными предприятиями	Средний
	Вмешательство в хозяйственную деятельность		Низкий

	Упрощение и оценка нормативных актов	Контроль и регулирование розничных цен	Средний
		Административно-контрольные меры	Очень высокий
		Государственные закупки	Высокий
		Оценка влияния на Конкуренцию	Средний
		Взаимодействие с заинтересованными сторонами	
		Сложность нормативно-правовых процедур	
Барьеры для внутренних и внешних инвесторов	Административное бремя для стартапов	Административные препятствия для АО и предприятий, находящихся в личной собственности	Низкий
		Лицензии и разрешения	Средний
	Барьеры в секторах услуг и сетевых секторах	Барьеры в секторах услуг	Средний
		Барьеры в сетевых секторах	Очень высокий
	Барьеры для торговли и инвестиций	Барьеры для ПИИ	Средний
		Тарифные барьеры	Высокий
		Дифференцированный подход к иностранным поставщикам	Очень высокий
		Барьеры для упрощения процедур торговли	Очень высокий

Примечание: Категории определены следующим образом: «Очень высокий» = индикатор РТР выше среднего по ОЭСР + 2*стандартное отклонение ОЭСР; «Высокий» = индикатор РТР выше среднего по ОЭСР + стандартное отклонение ОЭСР.
Источник: (OECD, 2018[11])

Показатель высокого уровня для экономики Казахстана в целом свидетельствует о том, что общее регулирование товарного рынка в стране создает высокие барьеры для конкуренции, что может повлиять на общую инвестиционную привлекательность экономики. Как подробно показано в Таблице 6.1 и поясняется ниже, главной причиной относительно слабых индикаторов РТР ОЭСР являются проблемы, связанные с дисбалансом в условиях для ведения бизнеса, вызванным государственным участием в экономике. По этим субпоказателям Казахстан значительно отстает от среднего уровня ОЭСР и в большей степени соответствует другим странам с формирующейся рыночной экономикой, таким как Турция и ЮАР.

Рисунок 6.8. Индикаторы регулирования товарных рынков ОЭСР: Рейтинг экономики в целом (2018 г.)

Шкала индекса от 0 до 6 от наименее до наиболее ограничительных мер

Источник: (OECD, 2018[12])

Индикаторы РТР указывают на ряд проблем, связанных с государственным участием в экономике, которые могут снизить привлекательность экономики и смягчить потенциально положительное влияние ее нормативно-правовой открытости на принятие решений потенциальными инвесторами. Подкомпоненты индикатора «Искажения, вызванные участием государства» – государственная собственность, упрощение и оценка нормативно-правовых актов, а также вмешательство в хозяйственную деятельность – указывают на сферы, в которых Казахстан еще может добиться значительного прогресса. По совокупности этих трех подкомпонентов на более высоком уровне Казахстан занимает четвертое место по степени ограничительных мер в экономике в выборке ОЭСР (Рисунок 6.9 a). На среднем уровне по компоненту государственной собственности страна занимает второе место в индексе по степени ограничительных мер (Рисунок 6.9 b).

Рисунок 6.9. Индикаторы регулирования товарных рынков ОЭСР: Искажения, вызванные государственным участием и общественной собственностью (2018 г.)

Шкала индекса от 0 до 6 от наименее до наиболее ограничительных мер

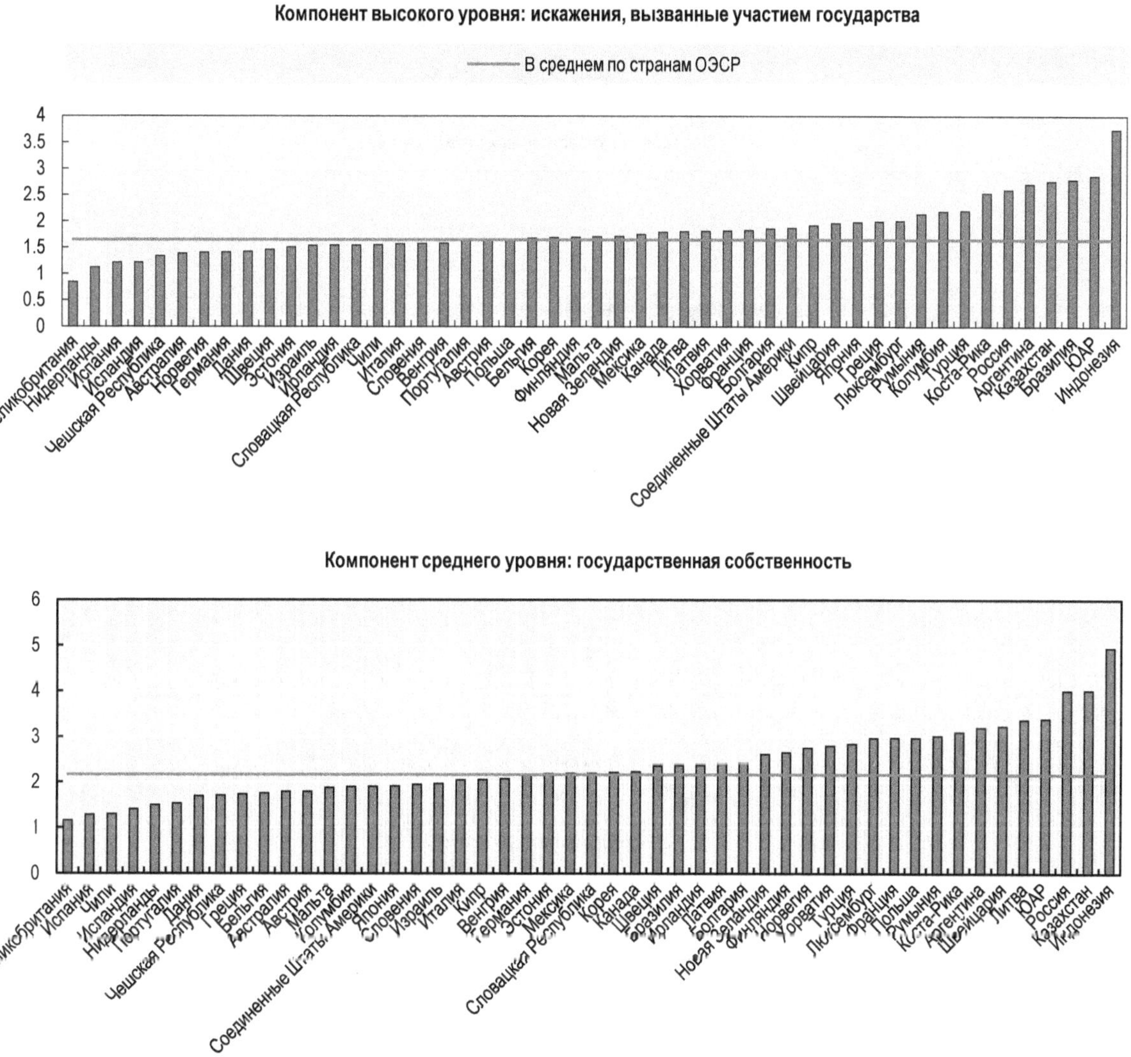

Источник: (OECD, 2018[12])

Государство владеет по крайней мере одной компанией в 16 основных экономических областях из 25, анализируемых в опросе, который используется для определения индикатора РТР страны, включая ряд предприятий в обрабатывающих секторах и сфере финансовых услуг (Рисунок 6.10 **a)**. Правительство владеет долями в акционерном капитале крупнейшего предприятия в большинстве ключевых сетевых секторов (газоснабжение, электроэнергетика, железнодорожный, воздушный и водный транспорт), а ряд доминирующих предприятий в сетевых секторах полностью контролируется правительством (Рисунок 6.10 b). Непосредственный контроль над предприятиями масштабен (Рисунок 6.10 c), однако не меньшую тревогу вызывает низкое качество управления государственными предприятиями страны (Рисунок 6.10 d).

Рисунок 6.10. Индикаторы регулирования товарных рынков ОЭСР: Низкоуровневые компоненты в отношении государственной собственности

Шкала индекса от 0 до 6 от наименее до наиболее ограничительных мер

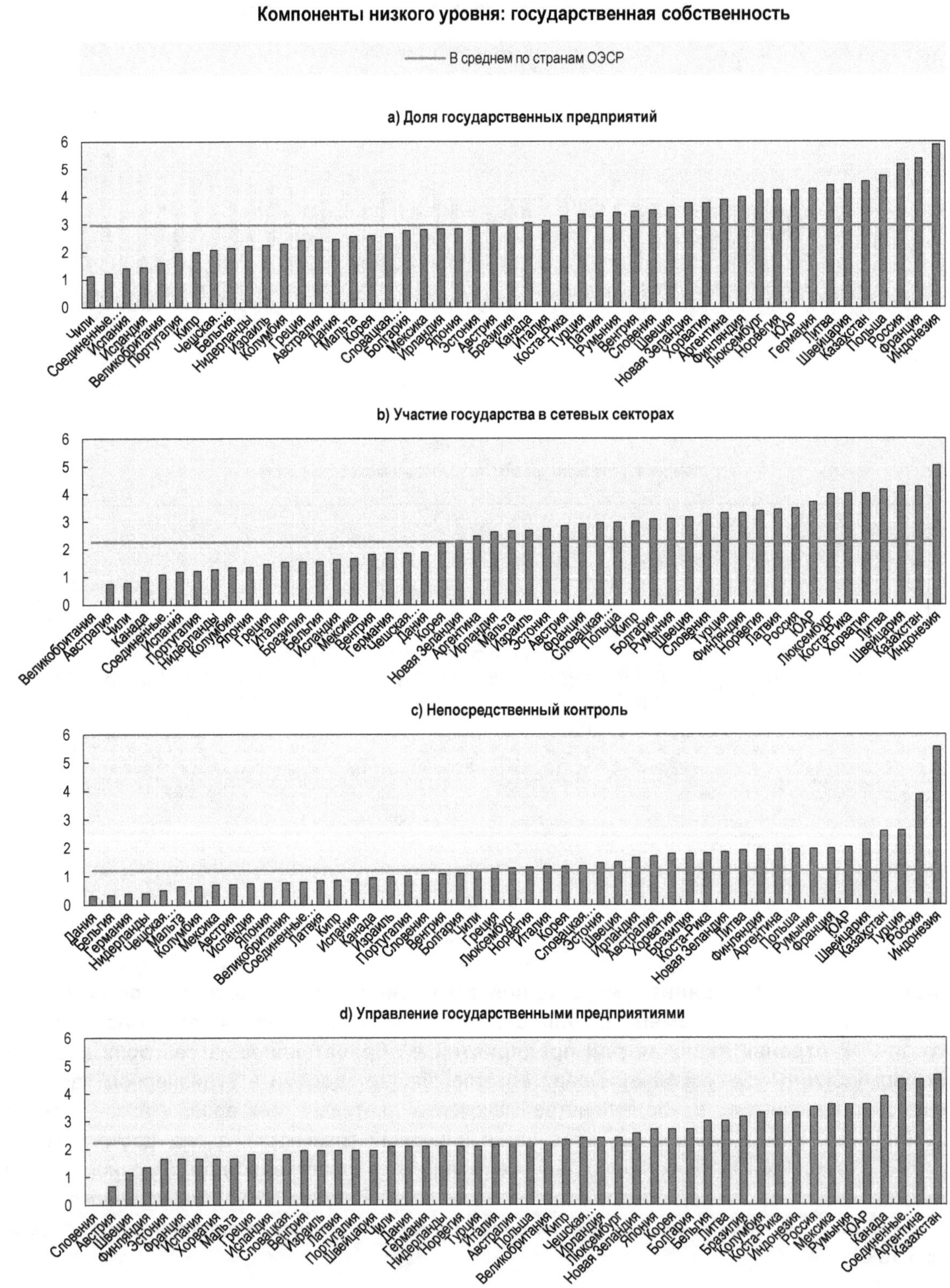

Источник: (OECD, 2018[12])

Высокие барьеры, связанные с конкуренцией, имеющиеся в ряде секторов экономики, вероятно, действуют как фактические барьеры для входа на рынок. Иностранный инвестор может иметь законное право войти в определенный сектор или отрасль, однако повсеместное участие государства, скорее всего, будет означать, что он не сможет конкурировать на равных условиях. Таким образом, индикаторы РТР подчеркивают тот факт, что при наличии формальных благоприятных условий для иностранных инвестиций сохраняются сквозные, а иногда и структурные проблемы, оказывающие существенное воздействие на инвестиционный климат.

Список литературы

Ageleuov, G. (2021), *The significance of the land issue has not yet been realized by the authorities of Kazakhstan*, Central Asian Bureau for Analytical Reporting, https://cabar.asia/en/the-significance-of-the-land-issue-has-not-yet-been-realized-by-the-authorities-of-kazakhstan. [10]

IEA (2022), *Environmental Code of the Republic of Kazakhstan, No. 400-VI*, IEA Publishing, Paris, https://www.iea.org/policies/12917-environmental-code-of-the-republic-of-kazakhstan-400-vi-as-amended. [8]

Kazakh Invest (2022), *Government has Considered and Approved Draft of the Concept of the Investment Policy of the Republic of Kazakhstan until 2026*, Government of Kazakhstan, Astana, https://invest.gov.kz/media-center/press-releases/novuyu-kontseptsiyu-investpolitiki-kazakhstana-do-2026-goda-utverdili-v-pravitelstve/. [1]

Mistura, F. and C. Roulet (2019), *The determinants of Foreign Direct Investment: Do statutory restrictions matter?*, OECD Working Papers on International Investment, OECD Publishing, Paris, https://www.oecd-ilibrary.org/docserver/641507ce-en.pdf?expires=1680263470&id=id&accname=ocid84004878&checksum=48B97299ACB63862176343291429BCFF. [4]

OECD (2023), *OECD FDI Regulatory Restrictiveness Index*, OECD Publishing, Paris, https://stats.oecd.org/Index.aspx?datasetcode=FDIINDEX. [5]

OECD (2022), *Kazakhstan (2022)*, OECD Services Trade Restrictiveness Index (STRI), OECD Publishing, Paris, https://www.oecd.org/trade/topics/services-trade/documents/oecd-stri-country-note-kaz.pdf. [6]

OECD (2021), *Improving the Legal Environment for Business and Investment in Central Asia*, OECD Publishing, Paris, https://www.oecd.org/eurasia/Improving-LEB-CA-ENG%2020%20April.pdf. [2]

OECD (2019), "OECD FDI regulatory restrictiveness index (Edition 2019)", *OECD International Direct Investment Statistics* (database), https://doi.org/10.1787/d22baa23-en (accessed on 3 May 2023). [16]

OECD (2018), *OECD Indicators of Product Market Regulation*, OECD Publishing, Paris, https://stats.oecd.org/Index.aspx?DataSetCode=PMR2018. [12]

OECD (2018), *Reforming Kazakhstan: Progress, Challenges and Opportunities*. [7]

OECD (2018), *The Regulation of Goods and Services in Kazakhstan: An International Comparison in 2018*, OECD Publishing, Paris, https://www.oecd.org/eurasia/countries/The-Regulation-of-Goods-and-Services-Markets-in-Kazakhstan.pdf. [11]

OECD (n.d.), *OECD Investment Policy Reviews*, OECD Publishing, Paris, https://doi.org/10.1787/19900910. [9]

Prime Minister Office of Kazakhstan (2019), *Over 15 million public services rendered by Government for citizens in the first half of 2019*, https://www.government.kz/en/news/press/bolee-15-mln-gosuslug-okazano-pravitelstvom-dlya-grazhdan-v-i-polugodii-2019-goda-a-ospanov. [13]

Republic of Kazakhstan (2020), *State Corporation 'Citizen Government' Online One Stop Shop*, https://egov.kz/cms/en/information/about/help-elektronnoe-pravitelstvo (accessed on 7 July 2020). [14]

Republic of Kazakhstan (2019), *Law on Legal Acts*, http://adilet.zan.kz/eng/docs/Z1600000480. [3]

World Bank (2019), *Doing Business 2019*, https://doi.org/10.1016/j.jebo.2017.07.011. [15]

www.ingramcontent.com/pod-product-compliance
Lightning Source LLC
LaVergne TN
LVHW082044051026
849532LV00011B/3474
* 9 7 8 9 2 6 4 6 0 1 6 4 2 *